Gütersloher Taschenbücher / Siebenstern 109

Horst Georg Pöhlmann

Wer war Jesus von Nazareth?

Gütersloher Verlagshaus
Gerd Mohn

Bücherei für Erwachsenenbildung, herausgegeben von Wolfgang Böhme
Veröffentlichung der Studienstelle der Deutschen Evangelischen Arbeitsgemeinschaft für Erwachsenenbildung

Originalausgabe

CIP-Kurztitelaufnahme der Deutschen Bibliothek

Pöhlmann, Horst Georg:
Wer war Jesus von Narzareth?/Horst Georg
Pöhlmann. – Orig.-Ausg., 5. Aufl., (28.–32.
Tsd.). – Gütersloh: Gütersloher Verlagshaus
Mohn, 1984.
(Gütersloher Taschenbücher Siebenstern; 109)
(Bücherei für Erwachsenenbildung)
ISBN 3-579-03809-5

NE: 1. GT

ISBN 3-579-03809-5

5. Auflage (28.–32. Tsd.) 1984

Gesamtherstellung: Clausen & Bosse, Leck
Umschlagentwurf: Dieter Rehder, Aachen
Printed in Germany

INHALT

Vorwort 9

Hinführung zum Thema 11

Erster Abschnitt:

JESUS, EIN FROMMER JUDE?
Das jüdische Jesusbild 17

Einstieg 19

A. Information 20
1. Martin Buber: Jesus, der große Bruder des Juden 20
Ergänzende Anmerkung zu den jüdischen Parteien zur Zeit Jesu 20
2. Schalom Ben-Chorin: Jesus, der Ur- und Nur-Jude 21
3. Frank Andermann: Jesus, ein jüdischer Patriot . . 23
Ergänzende Anmerkung zur äußeren Erscheinung Jesu 25

B. Problemskizze 26

1. War Jesus nur Jude, auch Jude oder Anti-Jude? Ist er ein Novum in der jüdischen Religionsgeschichte? Was bringt er Neues? 26
2. War Jesus Pharisäer, Zelot oder Essener? Gehörte er einer jüdischen Partei an? War er ein Parteiloser? 30
3. Hat Jesus Wunder gewirkt oder hat man sie ihm später angedichtet, um ihn zu vergöttlichen? Könnten sie nicht wegfallen ohne daß seiner Botschaft etwas Wesentliches abgeht? Welchen Sinn haben sie? 32

4. Hat sich Jesus als Messias verstanden oder hat er diesen politisch belasteten Titel abgelehnt? Hat die Gemeinde in ihm den Messias gesehen? 35

C. Konkretion 37

Zweiter Abschnitt:

JESUS, EIN GROSSER MENSCH?
Das humanistische Jesusbild 39

Einstieg 41

A. Information 41
1. Karl Jaspers: Jesus, ein maßgebender Mensch . . 42
Ergänzende Anmerkung: Der äußere biographische Aufriß des Lebens Jesu 45
2. Albert Camus: Jesus, dem nichts Menschliches fremd war 47

B. Problemskizze 48

1. Ist Jesus ein Mensch wie alle anderen oder Gottes Sohn und Gott? Hatte er teil an der Unzulänglichkeit des Menschlichen oder war er sündelos und frei von Schuldverstrickung? War er ein großer Mensch oder Gott, der klein wird? 48
2. War der Tod Jesu jähes Geschick oder Ziel und Sinn seines Lebens? War er der Tod eines Märtyrers oder ein Sühneopfer für die Sünden der Welt? Wurde durch ihn Gott versöhnt oder der Mensch? . . . 53
3. War Jesus ein maßgeblicher Mensch unter anderen oder war er einzigartig und einmalig? War er Religionsstifter oder Erlöser? 56

C. Konkretion 58

Dritter Abschnitt:

JESUS, EIN SOZIALREVOLUTIONÄR?
Das marxistische Jesusbild 61

Einstieg 63

A. Information. 64
1. Ernst Bloch: Jesus, ein Rebell der Liebe 64
2. Milan Machovec: Jesus, ein sozialer Brandstifter . 67

B. Problemskizze 69
1. War Jesus ein Sozialrevolutionär oder ein stiller Dulder? Wollte er die damalige Gesellschaftsordnung umstürzen, wollte er sie zementieren oder war sie ihm gleichgültig, weil der Glaube Herzenssache ist? Ging es ihm um die politische Freiheit oder um die Freiheit von der Sünde? 69
2. Was heißt Reich Gottes? Ist es ein Seelengärtlein oder ein politisches Programm? Verändert es die Herzen oder verändert es die Welt? Ist es Gabe oder Aufgabe? 73
3. War Jesus Menschensohn, nicht Gottessohn und Kyrios? Ist der Menschensohn der Mensch allgemein oder ein Übermensch, der uns einst richtet? . 76
4. Wer war der Gott Jesu? Die Spitze einer Herrschaftspyramide? Ein Ausbeuter? Ein überhöhter orientalischer Despot? 78

C. Konkretion 80

Vierter Abschnitt:

JESUS EIN ANTIBÜRGER?
Das Jesusbild der Pop-Generation. 83

Einstieg 85

A. Information 86
1. Henry Miller: Jesus, ein Reisender ohne Gepäck . 86
2. Günter Herburger: Jesus, der Pop-Heiland . . . 88

B. Problemskizze 91
1. War Jesus eine unbürgerliche Existenz oder ein änstlicher Kleinbürger? War er ordnungsfeindlich oder hat er sich für Sauberkeit und Ordnung eingesetzt? Hat er die Ordnung von Ehe, Familie und Staat abgeschafft und durch die Gruppe ersetzt oder hat er sie erneuert? War er konservativ, liberal oder progressiv? 91
2. War Jesus ein bedürfnisloser Asket oder der Künder überschwenglicher Freude? Hat er die Schöpfung geliebt oder den Untergang der Welt herbeigewünscht? Hatte er einen unbekümmerten Vorsehungsglauben oder hat er die Zukunft geplant? War

er leistungsfeindlich oder leistungsbesessen? War er ein in sich gekehrter, meditativer Typ oder ein Tatmensch? 96
3. War Jesus ein Individualist oder ein Gruppenmensch? Hat er sich mit sich selbst beschäftigt oder nur an die anderen gedacht? Hat er sich selbst geliebt oder die anderen? 101

C. Konkretion 104

Fünfter Abschnitt:

JESUS, GOTTMENSCH UND ERLÖSER
Das kirchliche Jesusbild 107

Einstieg 109

A. Information 111
1. Das Christusbild der Tradition: Zwei Naturen in einer Person 111
2. Christusbilder der gegenwärtigen Theologie: Christus, der Herr, der Herr als Knecht, das Wort Gottes, das Neue Sein, der Befreier 114

B. Problemskizze 118
1. Wie ist das altkirchliche Christusdogma mit dem Christusverständnis des Neuen Testaments vereinbar? Hat das Neue Testament ein einheitliches Christusbild oder findet man nicht in ihm ganz verschiedenartige Christologien? 118
2. Ist Jesus ein »Es war einmal« oder Gegenwart? Ist nur wichtig an ihm, daß er gekommen ist, oder auch das »Wer, Wo, Wann und Was«? 123
3. Hat Gott drei Personen und eine Natur? Ist das altkirchliche Dreieinigkeitsdogma biblisch? Ist es ein müßiges Schreibtischprodukt oder doch nötig? 124

C. Konkretion 126

Anhang Die Quellen über Jesus 131

Vorwort

Person und Werk Jesu von Nazareth sind und bleiben die Mitte des christlichen Glaubens. Ihre Ausstrahlung geht aber weit über den engeren Bereich der Kirchen hinaus: auch dort, wo Jesus und sein Auftrag nicht voll erkannt sind, selbst dort, wo sie bekämpft werden, setzen sich die Menschen mit ihm auseinander, fragen sie danach, wer er war, suchen sie ihn zu verstehen. So gibt es neben dem Jesusbild der Kirchen ein solches der Marxisten, der Humanisten und anderer.
Es lohnt sich, diese Bilder kennenzulernen, die Fragen zu verstehen, die sie aufwerfen, Antworten auf die Probleme zu suchen, die sie dem christlichen Bewußtsein stellen. Die Konfrontation mit den außerkirchlichen Jesusbildern führt so gleichzeitig in eine Auseinandersetzung mit wichtigen Zeitströmungen hinein. Dabei stellt es sich dann heraus, daß auch das Jesusbild der Kirchen nicht einfach feststeht, daß es sich in den Jahrhunderten entfaltet hat und in jeder Zeit im Hinblick auf ihre besonderen Probleme neu erarbeitet werden muß.
Horst Georg Pöhlmann, der Leiter der Studienstelle der Deutschen Evangelischen Arbeitsgemeinschaft für Erwachsenenbildung in Karlsruhe, hat einige der wichtigsten Jesusbilder aufgegriffen, beschrieben und sie miteinander und dem kirchlichen Bild Jesu konfrontiert. Daraus ist ein Buch geworden, das es dem Leser erlaubt, sein bisheriges Bild Jesu zu überprüfen und eine tiefere Anschauung seiner Person und seines Werkes zu gewinnen. Wo das Buch in Seminaren zur Erwachsenenbildung Verwendung findet, wird die Gliederung und pädagogische Aufbereitung des Stoffes die Gruppenarbeit erleichtern. Der Autor weiß sich Herrn Ernst-Ludwig Spitzner und den anderen Mitarbeitern der Studienstelle für vielfältige nützliche Hinweise dankbar verbunden.

Karlsruhe, den 29. August 1975 *Dr. Wolfgang Böhme*

Vorwort zur 3. Auflage

Es ist ein erfreuliches Zeichen, wenn ein Buch in die 3. Auflage geht: für den Autor, weil er seinen Lesern offensichtlich etwas für sie Wichtiges zu sagen hatte, für den Herausgeber der Reihe »Bücherei für Erwachsenenbildung«, weil deren didaktisch-methodischer Aufbau dazu hilft, in Arbeitsgruppen miteinander ins Gespräch zu kommen und voneinander zu lernen.
Aber am erfreulichsten scheint es mir zu sein, daß dieses Interesse für ein Buch über Jesus gleichzeitig ein Interesse an Jesus selbst erkennen läßt. Da zeigt es sich, daß das vielberufene Desinteresse an religiösen Fragen so gar nicht besteht, daß es jedenfalls im Hinblick auf Jesus selbst nicht besteht.
Wer war Jesus von Nazareth? Das bleibt weiter die entscheidende Frage. War er (nur) ein Mensch? Oder (auch) Gott? Wenn aber beides – »wahrer Mensch und wahrer Gott« – wie ist das zu denken, was bedeutet es für unser Leben? Darüber müssen wir miteinander reden, uns weiter darum bemühen, hier Klarheit zu gewinnen. Denn von der Antwort, die wir finden, hängt die Richtung ab, die unser Leben erhält.

Karlsruhe, Februar 1978 *Dr. Wolfgang Böhme*

HINFÜHRUNG ZUM THEMA

Ist es der Abschied des modernen Menschen von Jesus, was *Günter Grass* (geb. 1927) in seinem »Blechtrommel«-Roman[1] durch Oskars Besuch der Danziger Herz-Jesu-Kirche schildern will? Der kleine Oskar stößt zunächst auf die Jesusgipsstatue im rechten Kirchenschiff: »Langhaarig stand er in preußisch-blauem Rock auf goldenem Sockel und trug Sandalen.« »In der Mitte des Brustkastens« »zeigte« er »ein tomatenrotes, glorifiziertes und stilisiert blutendes Herz«. »Diese naiv selbstbewußten, blauen Schwärmeraugen!« »Dazu die weibisch-müden Hände, die gepflegt und arbeitsscheu ihre Stigmata* wie Meisterarbeiten eines für Fürstenhöfe schaffenden Juweliers zur Schau stellten.« Oskar wendet sich zum Hochaltar, wo er am Kreuz einem ganz anderen Jesus begegnet: »Was hatte der Mann für Muskeln! Dieser Athlet mit der Figur eines Zehnkämpfers«, dieser »Sportler aller Sportler« und »Sieger im Hängen am Kreuz«, der »niemals zuckte« und »die Disziplin mit der höchstmöglichen Punktzahl« »erfüllte«. Er wendet dem »Turner am Kreuz«, »auf die Gefahr hin«, daß er ihn »ins Kreuz träte«, den Rücken zu und sieht links einen dreijährigen »rosigen« Jesusknaben mit »Korkenzieherlokken« und einem »tellergroßen Heiligenschein«, der ihm sympathischer ist. Oskar hängt ihm seine Trommel um. Doch Jesus trommelt nicht. Er rührt sich nicht. Oskar meint: »Karfreitag ist Schluß mit ihm, der nicht einmal trommeln kann.« Die Szene mit der Trommel zeigt, daß Grass mit seinen das Zynische streifenden Bemerkungen keine vordergründige Kunstkritik üben will. Es geht ihm nicht um Kritik an kitschigen Jesusdarstellungen – tausende künstlerisch wertvolle Jesusabbildungen unserer Kirchen könnten ihn widerlegen. Nein, es geht ihm um etwas anderes, nämlich um die Tatsache, daß viele Menschen von heute mit dem *Jesus* der *Kirche*

* Wundmale.

1. G. Grass: Die Blechtrommel, S. 111 ff.

nichts mehr anfangen können, daß er für sie ein totes Erbe ist, tot wie die Gipsfiguren in der Danziger Herz-Jesu-Kirche. Gleichwohl haben sie ein starkes Interesse für *Jesus, wie er wirklich war*.

Nach einer Meinungsumfrage vom Jahre 1967 hat Jesus für 81 % der Westdeutschen eine persönliche Bedeutung[2]. Man kann heute geradezu von einer Jesusrenaissance* bei den Nichtchristen reden. Als einer für viele sei hier der Marxist *L. Kolakowski* (geb. 1927) genannt. Kolakowski wendet sich gegen die »Monopolisierung Jesu« durch die Kirche, durch die er aus »den anderen Räumen der geistigen Welt« verschwand. Er fordert »Jesu Rückgewinnung für die Kultur«. Ohne Jesu »Werte« verarmt seiner Ansicht nach unsere Kultur[3].

Man entdeckt Jesus ganz neu, während man sich gelangweilt von dem angestaubten Gipschristus des traditionellen Christentums und von den öligen Moralpredigten, die in seinem Namen gehalten werden, abgewendet hat. Statt Moralin sucht man ein Leitbild, das dem Leben Sinn gibt. Das Thema Jesus hat so eine ganz neue Frische und Dringlichkeit bekommen. Die Psychologin Hanna Wolff schreibt von dieser »Jesus-Bewegung« in ihrem Buch »Jesus der Mann«: »Man ruft nach Jesus selbst, man will keine Doktrin über ihn hören, man will den ›unmanipulierten Jesus‹. Darum werden alle ›Jesus-Kulissen‹ und ›Jesus-Barrieren‹ alter und neuer Zeit als belanglos beiseite gefegt«[4].

Mit alledem ist die Fragestellung dieses Buches klar. Es geht um das Problem: Wer war Jesus *wirklich*? Hat der Spiegel-Herausgeber *R. Augstein* recht, wenn er die Meinung vertritt, »daß der Jesus, den die Kirchen und Theologen uns vorstellen, nicht gelebt hat«[5] und ein »Geschöpf« der christlichen »Gemeinde« sei[6]? Hat »der Christus, den die Kirche verkündet«, wirklich nichts als den »Namen«, mit dem »historischen«** Jesus »gemeinsam« – wie der Rundfunkredakteur *J.*

* Renaissance = Wiedergeburt.

** geschichtlich erforschbaren.

2. Was glauben die Deutschen? 1968, S. 84f.
3. L. Kolakowski: Geist und Ungeist christlicher Tradition, 1971, S. 41.
4. H. Wolff: Jesus der Mann. Die Gestalt Jesu in tiefenpsychologischer Sicht, 2. Aufl. 1976, S. 9f.
5. R. Augstein: Jesus Menschensohn, 3. Aufl. 1972, S. 95.
6. R. Augstein, ebd. S. 321.

Lehmann annimmt[7]? Wie sieht sein wahres Bild aus, wenn man alle späteren Übermalungen von ihm ablöst? Kann man sie überhaupt entfernen, ohne das Urbild zu beschädigen? Muß sich nicht jede Zeit ein *eigenes* Bild von Jesus machen, muß sie sich nicht sein Urbild *aneignen* und zu dem *ihren* machen? Ist ein sentimentaler Rückgriff ins Vorgestern erlaubt?
Wie sieht das Urbild, wie sieht das »Original« aus, das man nur aus mehr oder weniger schlechten »Kopien« kennt? Wer war jener Mann von Nazareth, zu dessen Religion sich immer noch die Mehrheit unseres Kulturkreises zählt und von dem offenbar selbst die nicht loskommen, die mit seiner Religion nichts mehr zu tun haben wollen? Wer war Jesus?
– War er ein Guerilla gegen die römische Besatzungsmacht oder gehörte er zu den Stillen im Lande,
– war er ein Jude oder gründete er eine neue Religion,
– war er ein Mensch wie alle anderen oder ein Gott in menschlicher Verkleidung,
– war er ein Moralprediger, der für Sauberkeit und Ordnung eintrat, oder ein gesellschaftlicher Außenseiter, der sich über alle Konventionen hinwegsetzte,
– war er ein ungestümer Sozialrevolutionär oder ein politisch harmloser Esoteriker*,
– war er ein düsterer Apokalyptiker** oder ein heiterer Menschenfreund,
– war er ein Lehrer oder ein Prophet,
– ein Philosoph, Theologe, Arzt oder Richter,
– ein Idealist oder ein Realist,
– ein Phantast, der sich und andere getäuscht hat, oder Erlöser?
Wir werden in den vier ersten Abschnitten besonders wichtige Jesusbilder der Gegenwart herausgreifen und sie am Neuen Testament, der ältesten erreichbaren Quelle über Jesus, überprüfen. Im letzten Kapitel soll das kirchliche Jesusbild darge-

* Ein in eine Geheimlehre Eingeweihter, abseits Lebender.
** Einer, der das Ende dieser Welt und den Einbruch einer anderen Welt erwartet.

7. J. Lehmann: Jesus-Report. Protokoll einer Verfälschung, 1970, S. 127.

legt und einigen besonders relevanten Jesusentwürfen der gegenwärtigen Theologie gegenübergestellt werden. Jedes Kapitel beginnt mit einem *»Einstieg«*, der das Interesse für die Thematik wecken und in sie einstimmen soll. Sodann folgt der Teil A *»Information«*, der den Stoff darbietet und der Teil B *»Problemskizze«*, der ihn diskutiert*. Der abschließende Teil C *»Konkretion«* will die Thematik aufs Leben anwenden und »Lernaufgaben« stellen. (Fragen zur *Auswahl*) Wir gehen jeweils im Teil A vom »außerkirchlichen« Jesusverständnis aus, weil sich in ihm das Denken des modernen Menschen eher widerspiegelt als im kirchlichen. Der heutige Mensch wird sich zum Teil in diesen Abschnitten A in seinen eigenen Gedanken wiederkennen; zum Teil werden sie einen »Verfremdungseffekt« auslösen und so zur Diskussion herausfordern. Im Diskussionsteil B wird jeweils der Teil A mit dem Neuen Testament konfrontiert. Dabei wird versucht, das heutige theologische Jesusbild, wie es etwa in der neutestamentlichen Forschung vertreten wird, transparent zu machen. Wenn der Verfasser in den Teilen B auch seine eigene theologische Meinung einbringt, will er deswegen nicht den »Sack zubinden«, sondern den Leser gerade zur eigenen Urteilsbildung provozieren.
Was trägt es eigentlich aus, sich mit einem *theologischen* Thema so ausgiebig zu befassen? Gibt es nicht bedrängendere und nützlichere Themen wie etwa Ehe- und Sexualprobleme, Erziehungsnöte, berufliche, medizinische und politische Fragen? Doch wenn es wahr ist, daß jeder Mensch – wenn auch oft ganz unbewußt und versteckt – nach dem *Sinn und Ziel seines Lebens* fragt, wenn es wahr ist, daß er sich nicht mit dem vordergründigen Glück seines Lebens begnügt, sondern sich nach einem *letzten Glück* sehnt, wenn es wahr ist, daß er einen *letzten Halt* sucht, weil der Boden unter ihm schwankt, dann sind religiöse Fragen für ihn eigentlich viel wichtiger als all die vorletzten Fragen seines Alltags. Zudem rücken die »letzten« Fragen die »nächsten« Fragen in ein ganz neues Licht. Damit sind wir mitten drin in der Theologie, in der Wissenschaft von Gott. Denn nach Meinung vieler Philo-

* Die Kastenthesen in A sollen den jeweiligen Abschnitt zusammenfassen, die Kastenfragen in B sind Denkanstöße, die dann im Text diskutiert werden. Bei Rückverweisen wird 1., 2., 3. Abschnitt etc. mit 1, 2, 3 etc. abgekürzt.

sophen und Theologen ist Gott nichts anderes als der letzte Sinn und das letzte Ziel unseres Lebens. Landläufig hält man die Theologie für eine Wissenschaft, die den Kopf in die Wolken hängt oder in den Sand steckt. In Wirklichkeit hat sie aber »Bojencharakter«: sie ist eine Art Wasserverkehrszeichen, das darauf hinweist, wo es tief und flach ist und den Kurs anzeigt. Sie macht den Menschen darauf aufmerksam, wo sein Leben Tiefgang hat und wo dessen letztes Ziel zu suchen ist. So gesehen – hat sie eine eminent lebensnützige Aufgabe.
Der kleine Oskar im Blechtrommelroman von Günter Grass stellt an seinem 3. Geburtstag das Weiterwachsen ein. Dieser Zwerg ist dadurch ein Symbol des modernen Menschen, der mehr und mehr die »Grenzen« seines »Wachstums« erkennt und der sich zunehmend dessen bewußt wird, daß er irgendwo einen Punkt erreicht, wo er sich nicht mehr weiterentwikkeln kann. Immer mehr kommt es ihm zum Bewußtsein, daß er das *letzte Ziel* seines Lebens verfehlt und daß er sich – wenn überhaupt – mit Teilzielen zufrieden geben muß. Die Frage, wie er trotzdem das letzte Ziel seines Lebens erreicht, stellt sich ihm von daher unausweichlich. Die Gottesfrage, die theologische Frage läßt ihn nicht los.
Aber obschon diese letzten Fragen als wichtig empfunden werden, scheut man sich, über sie zu reden. Sie sind im Gespräch tabu, man übergeht sie taktvoll oder man überspielt sie durch vordergründige Themen. Unter der dünnen Decke unverbindlicher Wort-Rituale bleiben sie versteckt, und es gelingt einem sogar, sich über sie hinwegzutäuschen, sie totzuschweigen, sie zu »verdrängen«.
Die Aufgabe, die sich dieses Jesusbuch stellt, wäre *die Überwindung des taktvollen Schweigens über das Wichtigste.*
Aus alledem geht hervor, welche Adressaten der Verfasser dieses Buches im Auge hat. Es richtet sich an alle, die sich für Jesus interessieren, ganz gleich, ob sie Christen oder Nichtchristen, Kirchenchristen oder Christen ohne Kirche sind. Da es für Nichttheologen bestimmt ist, ist es in allgemeinverständlicher Sprache abgefaßt. Die Fachausdrücke werden im Text bzw. durch Sternchen erklärt.
Für Benutzer, die dieses Buch nicht privat lesen, sondern in der Gruppe durcharbeiten (Erwachsenenbildung), kurz folgendes: Es ist für die Arbeit in *eigenaktiven Lerngruppen* gedacht. In dieser Lernorganisationsform wird ein Text, der in der Hand *aller* Teilnehmer ist, zugrunde gelegt *(Textdiskus-*

sion). Ein Referent wird dadurch überflüssig. In der eigenaktiven Lerngruppe steht der *Dialog* im Mittelpunkt. Er ersetzt den herkömmlichen Referatstil, der sehr leicht entmündigend auf die Teilnehmer von Erwachsenenbildungsveranstaltungen wirken kann (Referentenfixiertheit, Respektskrampf, Komplexe). Es ist keine Frage, daß die Textdiskussion nicht nur eine lerneffektivere, sondern auch eine mündigere Form der Weiterbildung ist.

Wird das Buch im Rahmen einer Textdiskussion verwendet, dann gehört es also in die Hand *aller* Teilnehmer.

Dem Lernziel Mündigkeit dient nicht zuletzt der methodische Umgang mit diesem Buch, das *selektiv* benützt werden soll und *variabel* verwendbar ist. Die Teilnehmer eines Jesusseminars sollten zwei (oder drei) der fünf Abschnitte – die sie an zwei (oder drei) Abenden diskutieren wollen – auswählen. Sie sollen aber auch je nach Interessenlage aus den Kastenfragen in B eine Auswahl treffen. Die Teile A sollten vorher zu Hause gelesen werden. Als Beispiel der 1. Abschnitt, das jüdische Jesusbild, S. 17ff.: Die Teilnehmer lesen Einstieg und Information S. 19–25 zu Hause. Sie wählen aus den Kastenfragen der Problemskizze beispielsweise die Nr. 2, S. 30ff. aus. Ein Teilnehmer liest den Erläuterungstext zu Nr. 2, S. 30–32 vor. Die Teilnehmer diskutieren das jüdische Jesusbild von der Fragestellung der Kastenfrage Nr. 2 her. Am Schluß des Abends wird still die Konkretion S. 37f. gelesen. Es gibt auch andere Methoden, mit diesem Buch zu arbeiten[8].

8. Näheres zur Arbeit in eigenaktiven Lerngruppen und zur Mündigkeit in der Erwachsenenbildung siehe H. G. Pöhlmann; Methoden sind nicht zielneutral. In: Die Erwachsenenbildung als ev. Aufgabe, Gelnhausen ^{2}1979, S. 5–47.

Erster Abschnitt

JESUS, EIN FROMMER JUDE?
Das jüdische Jesusbild

Die weiße Kreuzigung Marc Chagall

EINSTIEG

Jesus ist bekanntlich in der jüdischen Tradition eine negative Größe. Schon die Juden seiner Zeit hielten Jesus für einen »Fresser und Säufer« (Matthäus 11, 19), »Verführer« (Matthäus 27, 63), Besessenen (Markus 3, 22; Johannes 8, 48) und Gotteslästerer (Markus 14, 64). Ganz anders das Jesusbild des gegenwärtigen Judentums, das ihn fast durchweg positiv beurteilt und in ihm einen großen, ja den größten Juden erblickt. Man sieht in ihm den »jüdischsten Juden« (*Josef Klausener*), ja das »letzte Wort des Judentums« und seinen »Höhepunkt« (*Constantin Brunner*). Man greift den Satz des evangelischen Neutestamentlers *J. Wellhausen* auf: »Jesus war kein Christ, sondern ein Jude.« Er war nicht der erste Christ, sondern sozusagen der letzte Jude. Man will Jesus im modernen Judentum in sein Volk heimholen und damit zugleich von seinem göttlichen Podest herunterholen, auf das ihn das Christentum gestellt hat. Diese Heimholung Jesu in sein Volk drückt der jüdische Maler *Marc Chagall* (1887–1944) in nebenstehendem Bild »Die weiße Kreuzigung« aus dem Jahre 1938 aus. Er will durch dieses Bild an die Zerstörung der Synagogen 1938 in Deutschland erinnern. Christus wird in der Reichskristallnacht neu gekreuzigt. Er leidet als Jude mit seinem Volk mit. Er trägt daher einen gestreiften jüdischen Gebetsmantel als Lendentuch. Die Kreuzesinschrift »Jesus von Nazareth, König der Juden« über seinem Haupt ist in hebräischer Sprache, also in der Sprache der Juden, angebracht. Zu seinen Füßen steht der jüdische Tempelleuchter. Rechts eine brennende Synagoge, die von einem Mordbrenner ausgeplündert wird. Über dem Gekreuzigten die klagenden alttestamentlichen Gottesmänner. Jesus ist nicht der Erlöser, sondern die Symbolgestalt für das leidende, jüdische Volk. Trotzdem macht er den Eindruck, als habe er das Leid überwunden, als stünde er nicht mehr darunter, sondern darüber. Daher wirkt er fast wie ein Ruhepol inmitten der unruhigen Szenerie. Wir vergegenwärtigen uns das heutige Jesusverständnis des Judentums anhand des Jesusbildes von Martin Buber, Schalom Ben-Chorin und Frank Andermann.

A. INFORMATION

1. Martin Buber: Jesus, der große Bruder des Juden

Für den jüdischen Religionsphilosophen Martin Buber (1878 bis 1965) ist Jesus von Nazareth einer in der Reihe der jüdischen Prediger und Lehrer. Jesu Botschaft ist urjüdisch. Denn er verkündet – wie das Alte Testament und das Judentum –

- das Königtum (oder Reich) Gottes
- die Umkehr zu Gott (Buße) und
- den Glauben an ihn, verstanden als Vertrauen[7].

Jesus ist für den Juden Buber der »große Bruder«, nicht »Gott und Erlöser«[8]. Da für Buber die jüdische Partei der Pharisäer das ursprüngliche Judentum verkörpert, bringt er Jesus in Zusammenhang mit dem »zentralen Pharisäertum«[9]. Darin weicht Jesus freilich vom Judentum ab, daß er keinen Abstand wahrt zu Gott, daß er sich dem unnahbaren Gott naht, daß er die Respektsgrenze zwischen Gott und Mensch übertritt[10]. Gott ist für den Juden ein ferner Gott, ein transzendenter (=jenseitiger) Gott. Unüberschreitbar ist die Schranke zwischen Gott und Mensch.

Ergänzende Anmerkung zu den jüdischen Parteien zur Zeit Jesu
Die *Pharisäer* oder Peruschim (= Abgesonderte) waren die Partei der Gesetzestreuen. Sie setzten sich für die unbedingte Geltung des Gesetzes ein und beachteten es mit großem sittlichem Ernst. Bezeichnend für sie ist die Anerkennung der mündlich überlieferten Satzungen neben dem geschriebenen

7. M. Buber: Zwei Glaubensweisen, 1950, S. 23, 14.
8. Ebd. S. 11.
9. Ebd. S. 10.
10. M. Buber: Der Jude und sein Judentum, 1963, S. 233.

Gesetz und die Einhaltung der 613 Gebote und Verbote. Sie lebten abgesondert von der Masse des unreinen Volkes wie von den sadduzäischen Aristokraten. Sie betonten den Tatcharakter des Glaubens, während die *Sadduzäer* alles Gewicht auf den Opferkult im Tempel legten. Die eng mit dem Tempelkult verbundene sadduzäische Priesterkaste leugnete die Auferstehung und erkannte die mündliche Überlieferung als Norm nicht an. Sie war mit der römischen Besatzungsmacht eng verfilzt. Ganz anders die *Zeloten*, eine jüdische Untergrundbewegung gegen die römische Besatzungsmacht, die von einer glühenden Hoffnung auf den Messiaskönig als den Befreier vom römischen Joch beseelt waren. Eine vierte jüdische Gruppe waren die *Essener* (oder Qumranleute). Sie lebten fernab vom politischen Geschehen als eine Art Mönchsorden (vor allem) am Toten Meer. Eine apokalyptische Geheimsekte, die den unreinen Tempelkult in Jerusalem verwarf, auf rituelle Reinheit bedacht war, sich als das wahre Israel fühlte und das religiöse Establishment in Jerusalem ablehnte.

2. Schalom Ben-Chorin: Jesus, der Ur- und Nur-Jude

Der jüdische Schriftsteller und theologische Denker Schalom Ben-Chorin (geb. 1913) zeichnet in seinem Buch *Bruder Jesus* (1967) ein stark von M. Buber vorgeprägtes Bild von Jesus. Er will in diesem Jesusbuch die »hebräische Ur-Überlieferung« über Jesus, die »unter der griechischen Decke der Evangelien«* verborgen liegt, aufdecken[11].
Wer war Jesus also wirklich? Er war kein »Messias«,** kein »Prophet«, geschweige denn »Gott« selber, sondern ein jüdischer »Arzt und Lehrer«[12].

Jesus als Arzt und Lehrer

Jesus »beginnt seine Tätigkeit ... als Arzt«. Seine Wunderheilungen sind »Heilung durch den Geist«, nicht durch Medikamente. »Er treibt Dämonen, unsaubere Geister aus«, wenn er

* Das Neue Testament ist griechisch geschrieben!
** Gesalbter oder König.

11. Schalom Ben-Chorin: Bruder Jesus, 1972, S. 231.
12. Ebd. S. 14 f., 54 ff.

heilt. Das Heilmittel ist also, wie auch sonst häufig bei Wundertätern der damaligen Zeit, der »Exorzismus«, die Teufelsaustreibung. Jesus heilt die – ja häufig psychisch bedingten – Krankheiten (seiner Patienten) durch seine »suggestive ... Kraft«.* Der »Glaube« der Patienten ist daher bei seinen Wunderheilungen »Voraussetzung« für den Heilerfolg. Vom »Vertrauensverhältnis zwischen dem Arzt und seinem Patienten« hängt alles ab[13].
Eng verbunden mit seiner Heiltätigkeit ist seine Lehrtätigkeit. Jesus war ein »Gesetzeslehrer«, der freilich »gewaltig« und »in einer stärkeren Vollmacht«, »als andere das gewagt haben«, lehrte. Neu an seiner Lehre ist die »Verinnerlichung des Gesetzes«[14]. Sosehr er keiner der jüdischen Parteien »ganz zuzurechnen ist«, »verbindet ihn mit den Pharisäern am meisten«[15].

Jesus ein tragisch Scheiternder

Das Jesus-Bild muß befreit werden »von der christlichen Übermalung«. Jesus ist »Ur- und Nur-Jude«[16]. Er war ein jüdischer Rabbi**, der den »Anbruch des Gottesreiches« unmittelbar erwartet, sich aber darin getäuscht hat. Der »Verzweiflungsschrei« am Kreuz: »Mein Gott, mein Gott, warum hast du mich verlassen« (Markus 15, 34) ist das »*wahre* letzte Wort Jesu«.*** »Der Gemarterte gibt seinen Geist auf in dem furchtbaren Gefühl, auch in ... der letzten Station seines Dornenweges zum Reich Gottes von Gott verlassen worden zu sein.« »So endet also Jesus ... als tragisch Scheiternder. Das aber tut seiner Größe keinen Abbruch, auch und gerade nicht für das jüdische Geschichtsverständnis. Auch Rabbi Akiba, der Bar-Kochba für den Messias hielt, irrte tragisch und endete als Blutzeuge seines Glaubens.«[17] Bar-Kochba machte 132–135 nach Christus einen Aufstand gegen die Römer, der blutig niedergeschlagen wurde.

* Suggestiv = seelisch beeinflußend.
** Gesetzeslehrer.
*** Nach den Evangelien hat er noch andere Worte am Kreuz gesprochen (z. B. Johannes 19, 30).

13. Ebd. S. 59f.
14. Ebd. S. 16f.
15. Ebd. S. 26.
16. Ebd. S. 13.
17. Ebd. S. 27.

Jesus, eine Symbolgestalt des Judentums
»Jesus von Nazareth hat gelebt – er lebt fort, nicht nur in seiner Kirche ..., sondern auch in seinem Volk, dessen Martyrium er verkörpert. Ist der leidende und am Kreuz verhöhnt sterbende Jesus nicht ein Gleichnis für sein ganzes Volk geworden, das, blutig gegeißelt, immer wieder am Kreuz des Judenhasses hing? Und ist die Osterbotschaft seiner Auferstehung nicht wiederum ein Gleichnis für das heute wieder erstandene Israel geworden, das sich aus der tiefsten Erniedrigung und Schändung der dunkelsten zwölf Jahre seiner Geschichte zu neuer Gestalt erhebt?«[18] Jesus ist »ein großer Glaubenszeuge in Israel. Sein Glaube ..., das schlechthinnige* Vertrauen auf Gott, den Vater, die Bereitschaft, sich ganz unter den Willen Gottes zu demütigen, das ist die Haltung, die uns in Jesus vorgelebt wird und die uns – Juden wie Christen – verbinden kann. Der Glaube Jesu einigt uns, ... aber der Glaube an Jesus trennt uns«[19].

3. Frank Andermann: Jesus, ein jüdischer Patriot

Der jüdische Schriftsteller *Frank Andermann* (alias Herbert Frank) sucht in seinem Jesusroman *Das große Gesicht* (1970), das wahre Jesusbild aufzudecken, das unter dem Schutt christlicher Jesusdeutung begraben liegt. Der Roman basiert auf autobiographischem Erleben von Andermann. 1909 in Berlin geboren, verbrachte er die Kriegsjahre im Untergrund in Holland. Im Schicksal des jüdischen Widerstandskämpfers A. Rubin, der Hauptfigur des Romans, spiegelt sich die Biographie Andermanns wider. Jesus wird mit der Situation Andermanns und Rubins synchronisiert. Er leidet wie sie und handelt wie sie.
Jesus, ein Zelot
Ähnlich wie *Robert Eisler* und *Joel Carmichael* vertritt Andermann die These: Jesus war ein jüdischer Widerstandskämpfer gegen die Römer, er war ein Zelot. Die Evangelien vertuschen die »Wahrheit, daß der Nazarener im Kampf um die

* vollständige.

18. Ebd. S. 28f.
19. Ebd. S. 12.

Befreiung Israels gefallen war« und loben ihn weg in den Himmel. Der wahre Jesus stand mit beiden Füßen auf der Erde. Er war ein »frommer Jude, der sich vorbehaltlos ... zur überlieferten Religion seiner Väter bekannte« und »ein glühender Patriot«, der »lediglich für Israel lebte« und dafür »von den Römern ans Kreuz genagelt wurde«. »Das Christentum erhöhte ihn zum Gott und nahm ihm damit alles, wofür er gelebt hatte und wofür er gestorben war.«[20] »Es war eine empörende ... Vorstellung, dieser fromme und mutige Mann, der im vollen Bewußtsein der Gefahr nach Jerusalem wie in die Höhle des Löwen gegangen war, könnte liturgische* Probleme gewälzt und sogenannte ewige Weisheiten von sich gegeben haben, während die Standarten der Römer mit dem Abzeichen des vergöttlichten Imperators** den Tempel des Einen Gottes schändeten und Sein Volk die Befreiung erhoffte. Er war nicht nur ein Mensch, er war ein Mann gewesen.«[21]

Jesus, ein Mann, keine Jammergestalt

Jesus »klagte nicht«, er hat »den Tod nicht gefürchtet« und »auf dem Ölberg weder geweint noch geschwitzt«. Er war »nicht die Jammergestalt«, die seine Anhänger »aus ihm machten«[22], sondern ein Kämpfer. Er war auch kein blutleerer »Asket«, sondern ein »vollblütiger ... Mann«, der sich sogar gegen den Vorwurf, ein »Fresser und Säufer« zu sein, verteidigen mußte. »Ich stelle mir den Zimmermannssohn, der selber Zimmermann gewesen war« (Markus 6, 3), »als stark gebauten Mann mit breiten Schultern, muskulösen Armen und kräftigen Händen vor.«[23]

Der »König der Juden« wurde von seinen Anhängern zum Kultkönig umfunktioniert, »das Leiden Jesu wurde in ... einen Triumph umgemünzt«, aus dem »armen Schwein am Kreuz« wurde der über alles Irdische hinausgehobene Gottmensch: »An die Stelle des Aufstandes trat die Auferstehung.«[24]

* gottesdienstliche.
** Kaisers.

20. Frank Andermann: Das große Gesicht, S. 210, 72.
21. Ebd. S. 83f.
22. Ebd. S. 88.
23. Ebd. S. 127, 129, 177.
24. Ebd. S. 135, 156, 217, 203.

Ergänzende Anmerkung zur äußeren Erscheinung Jesu

Die Spekulationen über Jesu Aussehen sind vielfältig. Bei den Kirchenvätern wird Jesus teils als schön (Augustinus, Hieronymus), teils als häßlich (Justin, Origenes) beschrieben (wie der leidende Gottesknecht Jesaja 53, 2–3). Doch weder Anhängern noch Gegnern Jesu fiel etwas Außergewöhnliches an Jesu äußerer Erscheinung auf. Sie hatte also allem Anschein nach nichts Auffälliges an sich. Nach Meinung des ev. Neutestamentlers *E. Stauffer* hatte Jesus mindestens »die jüdische Normalgröße (=knappe europäische Mittelgröße)«. »Die Hautfarbe des antiken Palästinajuden war hellbraun, die Augen meist braun«, die Haare »schwarz«. »In der Zeit und Heimat Jesu trugen die Männer das Haar schulterlang, in der Mitte gescheitelt, gekämmt, mit ... Öl gesalbt.« Obschon in der damaligen hellenistischen Welt die »Bartlosigkeit« herrschte, »hielten« »die Juden« »an ihrer Barttracht fest«. Es gibt keinen Grund, anzunehmen, daß Jesus von diesen jüdischen Gepflogenheiten abwich. Er hatte das Aussehen eines antiken Palästinajuden. »Seine Alltagssprache war Aramäisch, mit galiläischem Akzent. Mit Pilatus sprach er griechisch.« Das hebräische Alte Testament konnte er lesen und er hat es oft zitiert. »Seine Kleidung war betont unauffällig, nicht üppig, nicht ärmlich. Er trug ein ärmelloses Untergewand mit Gürtel, das übliche Obergewand, Sandalen und auf seinen Wanderungen einen Stab. Die einzige Besonderheit, von der wir hören, ist die, daß sein Untergewand ungenäht«, also »von oben an als ein Ganzes gewoben« war (Johannes 19, 23) – wie das Gewand des Hohenpriesters. Vermutlich trug Jesus einen weißen Kopfumhang, wie er schon im damaligen Palästina gern getragen wurde, »mit einer Schnur festgebunden und hinten schulterlang herabhängend«[25].

25. E. Stauffer: Jesus. Gestalt und Geschichte, 1957, S. 53f.

B. PROBLEMSKIZZE

1. War Jesus *nur* Jude, *auch* Jude oder *Anti*-Jude? Ist er ein Novum in der jüdischen Religionsgeschichte? Was bringt er Neues?

Die soeben besprochenen jüdischen Jesusbilder haben darin unbedingt recht, daß Jesus von Nazareth dem Judentum angehörte.

Jesus war Jude

Weder christliche noch außerchristliche Quellen bestreiten, daß Jesus ein palästinensischer Jude war, der unter Kaiser Tiberius vom römischen Prokurator in Judäa Pontius Pilatus als »König der Juden« (Markus 15, 2) gekreuzigt wurde (vgl. 2. Abschn. A 1). Der Nachweis des Schriftstellers *H. St. Chamberlain* (1855–1927) und anderer, Jesus hätte nicht der jüdischen Rasse angehört, entbehrt jeder wissenschaftlichen Grundlage. Doch nicht nur die Gestalt, auch die Botschaft Jesu ist urjüdisch und vom jüdischen Mutterboden unablösbar. Das wird überdeutlich im Matthäusevangelium, nach dessen Verständnis Jesus die Erfüllung der alttestamentlichen Verheißungen und der von den Juden ersehnte Messias-König ist.

Das Matthäusevangelium stammt aus der *judenchristlichen Gemeinde*, die sich nach der Auferstehung Jesu aus ehemaligen Juden gebildet hat. Viele Forscher sind nun der Meinung, Jesu Botschaft sei ursprünglich antijüdisch gewesen. Das Antijüdische an ihr sei »echt«. Das Jüdische an ihr sei ihm später von der judenchristlichen Gemeinde »in den Mund gelegt« worden. »Gemeindebildung« sei daher z.B. das angebliche Jesuswort aus der Bergpredigt Matthäus 5, 18: »Denn wahrlich, ich sage euch: Bis Himmel und Erde vergehen, soll auch nicht der kleinste Buchstabe oder ein Strichlein vom Gesetz vergehen, bis alles geschehen ist.« Andere Forscher meinen, gerade das Jüdische in den Evangelien sei »urjesuanisch«. Das Hellenistische oder Griechische in ihnen stamme aber nicht vom historischen Jesus – wie etwa weite Teile des Johannesevangeliums. Die später entstandene hellenistische Gemeinde habe sich Jesus so vorgestellt (Näheres 5. Abschn. B und Anhang).

Wie dem auch sei, selbst nach Paulus – auf dessen Konto angeblich vor allem die Hellenisierung des Christentums geht

– ist das Judentum die tragende »Wurzel« des Christentums (Römer 11, 18). Aber auch Jesus war in seiner Wurzel Jude, sosehr er über diese Wurzel gleichsam hinausgewachsen ist. Das Christentum ist im Grunde nichts anderes als ein konsequentes Judentum. Daß das Christentum tief im Judentum verwurzelt ist, hat man in der christlichen Theologie häufig vergessen. Man sollte sich wieder daran erinnern lassen durch die gegenwärtige Heimholung Jesu ins Judentum. Die jüdischen Jesusbilder, die wir oben in der »Information« (A) nachgezeichnet haben, zeigen, wie sehr das Judentum der Mutterboden Jesu ist. Man wird Jesu mißverstehen, wenn man ihn nicht vom Judentum her versteht. Er wollte ja ausdrücklich »Gesetz und Propheten« nicht »auflösen«, sondern »erfüllen« (Matthäus 5, 17), wie er in der Bergpredigt* sagt. Freilich, er allein kann sie erfüllen und er allein erfüllt sie. Insofern ist er so etwas wie ein Schlußstein des Judentums. Daß Jesus Jude war, erhellt auch aus seinem Auftreten als jüdischer Schriftgelehrter (Rabbi), der sich wie diese mit einem Kreis von Schülern (Jüngern) umgibt, sowie aus seinem ganzen Verhalten. »Jesus war bis zu seinem Ende Glied der jüdischen Volksgemeinde, er dachte und redete auch religiös in ihren Begriffen und Vorstellungen« (*L. Goppelt*, ev. Neutestamentler)[26].

Jesus war nicht nur Jude

Doch Jesus war nicht *nur* Jude. Es bleibt ein unverrechenbarer Rest, der nicht aus dem Judentum erklärbar und ableitbar ist. Gerade in der Bergpredigt kommt auch das *Un*jüdische an Jesu Botschaft zur Sprache, etwa in dem Spruch: »Wenn eure Gerechtigkeit nicht besser ist als die der Schriftgelehrten und Pharisäer, werdet ihr nicht in das Reich der Himmel kommen« (Matthäus 5, 20).

Doch es geht Jesus nicht nur um eine bessere, sondern um eine *andere* Gerechtigkeit. Das zeigen die sogenannten Antithesen (= Gegensätze) der Bergpredigt, in denen jeweils dem bisherigen Gebot ein neues gegenübergesetzt wird, das es verschärft oder sogar aufhebt. Immer wieder heißt es in den Antithesen: »Ihr habt gehört, daß zu den Alten gesagt ist ... *Ich aber* sage euch ...« (Matthäus 5, 21–48). Bekannt ist vor allem

* Matthäus 5–7.

26. L. Goppelt: Theologie des Neuen Testaments I, 1975, S. 74.

die 5. Antithese, die das Grundthema der Bergpredigt angibt: »Ihr habt gehört, daß gesagt ist: Auge um Auge und Zahn um Zahn. Ich aber sage euch, daß ihr dem Bösen nicht widerstehen sollt: sondern wenn dich einer auf die rechte Backe schlägt, dann halte ihm auch die linke hin ...« (Matthäus 5, 38f.). Auch andere alttestamentliche Gebote werden in den Antithesen aufgehoben, wie etwa das Recht auf Scheidung (Matthäus 5, 31f.). Kein Wunder, wenn es von Jesus heißt: »Sie entsetzten sich über seine Lehre, denn er lehrte sie als einer, der Vollmacht hat und nicht wie die Schriftgelehrten« (Markus 1, 22). Mit derselben Souveränität setzt Jesus auch die jüdischen Fasten-, Sabbat- und Reinheitsgesetze außer Kraft (Markus 2, 18f.; 2, 23ff.; 3, 1ff.; 7, 1–23). Denn »niemand füllt neuen Wein in alte Schläuche« (Markus 2, 22). Das Neue läßt sich nicht mit dem Alten zusammenflicken (Markus 2, 21).

Das Neue gegenüber dem Judentum

Aber worin besteht dieses Neue gegenüber dem Judentum, das Jesus bringt?

– Das Novum besteht – wie schon angedeutet – in der »*unerhörten Souveränität*«, mit der Jesus auftritt (E. Käsemann, ev. Neutestamentler)[27]. Gebote Gottes aufheben kann nur einer, der mit Gott identisch ist. Gott hat sich aber in der Sicht des Neuen Testaments mit Jesus unwiderruflich identifiziert. Daß Gott, der nach jüdischer Vorstellung durch einen unüberbrückbaren Respektsabstand vom Menschen getrennt ist, sich hier mit einem Menschen identifiziert und durch ihn spricht und handelt, war für einen Juden etwas Ungeheuerliches. In Jesus begegnet Gott selbst! (Markus 2, 5–10; Matthäus 11, 27; Johannes 10, 30; 12, 45).

– Das Novum besteht außerdem in der radikalen, alle rassischen, religiösen und gesellschaftlichen Schranken überwindenden *Liebe*[28] (Lukas 10, 25–37; Matthäus 11, 19). Diese Liebe ist so grenzenlos, daß sie nicht einmal am Feind eine Grenze findet (Matthäus 5, 44). Aber auch Gott gegenüber ist sie grenzenlos.

– Und noch etwas ist grundstürzend neu an Jesu Liebesbot-

27. E. Käsemann: Das Problem des historischen Jesus, 1954, Exeget. Versuche und B. I, S. 208.
28. Vgl. Herbert Braun: Jesus, 1973, S. 89ff.; E. Stauffer: Die Botschaft Jesu, 1959, S. 119ff.

schaft. Im Doppelgebot der Liebe* »hängt« wie die Tür in ihrer Angel »das ganze Gesetz und die Propheten« (Matthäus 22, 40). Ohne dieses Liebesgebot fallen also alle anderen Gebote zu Boden wie eine Tür ohne Angel. Sie haben nur Gültigkeit, insofern durch sie Liebe geübt wird. Daß nicht mehr 613 Gebote gelten und daß es im Grunde nur noch *ein* Gebot, die Liebe, gibt, war »für rabbinisches Verständnis« eine »empörende Kühnheit« (*E. Lohmeyer*, ev. Neutestamentler)[29].

– Ein Novum[30] ist ebenso die Verkündigung des *schon jetzt* anbrechenden Reiches Gottes, das eine *augenblickliche* Umkehr (Buße) erfordert (Markus 1, 15). Warum schon jetzt? Weil sich das Reich Gottes in Jesu Tun und Reden, weil es sich in *Jesu Person* verwirklicht (Matthäus 12, 28; Lukas 10, 23f.; 17, 20f.). Daher ist Glaube an Gott immer zugleich auch Glaube an Jesus.

– Ein Novum ist vor allem – wir haben schon darauf hingewiesen – Jesu *Gottesverständnis*. Der ev. Neutestamentler *J. Jeremias* hat nachgewiesen, daß im Unterschied zum Judentum Jesus Gott mit »Abba« angeredet hat[31] (Markus 14, 36). Abba ist aramäisch und heißt soviel wie Vater oder Väterchen. Durch diese familiäre Anrede wurde der ferne Gott des Judentums zum nahen Gott. Religion ist nicht mehr – wie im Judentum – die Unterwerfung unter den unbegreiflichen Gott. Sondern Gott wird begreiflich und greifbar – in Jesus von Nazareth.

– Mit dem neuen Gottesverständnis hängt noch ein anderes Novum zusammen: *Alles ist Gnade*. Nach jüdischer Vorstellung ist Gott eine Art Buchhalter, der Buch führt über die guten und bösen Taten des Menschen und die Quersumme zieht. Der Mensch wird verdammt oder selig, je nachdem, ob die bösen oder guten Taten überwiegen. Nach Jesus hat der Mensch keinen *Anspruch* auf die Gnade Gottes (Matthäus 20, 1–15; Lukas 17, 7ff.). Sie ist reines Geschenk (Lukas 15, 11–32; 18, 9–14; Matthäus 18, 21ff.). Jesus sagt nicht umsonst:

* zu Gott und den Menschen.

29. E. Lohmeyer: Das Evangelium nach Markus, 1957, S. 261
30. Vgl. G. Bornkamm: Jesus von Nazareth, 1956, S. 58ff.; J. Jeremias: Neutestamentliche Theologie I, 2. Aufl. 1973, S. 99ff.
31. J. Jeremias: Neutestamentliche Theologie I, 2. Aufl. 1973, S. 71f., 45f.

»Ich bin nicht gekommen, Gerechte zu berufen, sondern Sünder« (Markus 2, 17).
Jesus war weder *Anti*-Jude, noch *nur* Jude, sondern *auch* Jude. Er geht durch das, was er ist und tut, weit über das Judentum *hinaus*, sosehr er von ihm *aus*geht. Er ist – um mit Paulus zu reden – »Vollendung *und* Ende des Gesetzes« (Römer 10, 4).* Er war der *letzte Jude* und der *erste »Christ«* zugleich.

2. War Jesus Pharisäer, Zelot oder Essener? Gehörte er einer jüdischen Partei an? War er ein Parteiloser?

Jesus gehörte keiner jüdischen Partei an. Trotzdem hat man ihn immer wieder mit den Essenern in Zusammenhang gebracht.

Kein essenischer Wüstenasket

Ähnlichkeiten zwischen der Botschaft Jesu und dem Programm der Essener oder Qumranleute sind freilich nicht zu leugnen. Er steht wie jene dem religiösen Establishment in Jerusalem kritisch gegenüber. Wie sie fordert er den Besitzverzicht (Markus 10, 17–22). Trotzdem war er kein essenischer Wüstenasket. Seine Feindesliebe und seine Gesetzeskritik trennt ihn ebenso von der Qumransekte wie seine Zuwendung zu den Sündern, von denen sich diese peinlich absonderte. Dasselbe gilt im Blick auf die Pharisäer und Schriftgelehrten, sosehr er wie sie den Tatcharakter des Glaubens betont.

Absage an die pharisäische Selbstgerechtigkeit

Jesus bekämpft die Pharisäer so scharf wie sonst keine jüdische Gruppe. Warum? Vermutlich, weil er weniger dem »echten« als einem entarteten Pharisäismus begegnete. Vor allem aber, weil der Pharisäer mit Gott ins Geschäft kommen und sich das Heil durch gute Werke verdienen will, statt es sich von Gott schenken zu lassen (vgl. das Gleichnis vom Pharisäer und Zöllner Lukas 18, 9ff. und den älteren Bruder im Gleichnis vom verlorenen Sohn Lukas 15, 11–32). Die pharisäische Leistungsreligion will das Reich Gottes durch die Erfüllung der 613 Gebote gleichsam herbeizwingen, während es für Jesus ein Geschenk ist, das jeder, der es sich wie ein Kind schenken

* Das griechische Wort telos, das hier steht, hat den Doppelsinn von Vollendung und Ende.

läßt, bekommt (Matthäus 18, 3; 19, 14). Jesus stellt das Kind dem Erwachsenen deshalb als Vorbild hin, weil es sich darauf versteht, sich alles schenken zu lassen.

Distanz zu Tempel und Priesteradel

Jesus war noch viel weniger ein Sadduzäer, wie die Tempelaustreibung und seine Tempelkritik zeigt (Matthäus 24, 1–2). Der aus kleinen Verhältnissen stammende Zimmermannssohn stand dem Priesteradel von Haus aus distanziert gegenüber. Jesus war kein Priester, sondern »Laie«. Die Barmherzigkeit ist ihm wichtiger als liturgisch tadellos vollzogene Gottesdienste (vgl. Matthäus 12,7). Er bricht die Sabbatvorschriften, um einen Kranken heilen zu können (Markus 3,1–6). Der, der sagen konnte, der Sabbat sei um des Menschen willen geschaffen, nicht der Mensch um des Sabbats willen (Markus 2, 27), paßt weder in die Rolle des korrekt zeremoniellen Priesters noch in die des säuerlichen Moralpredigers, wie man sie im Pharisäismus oder in der Wüstensekte von Qumran antraf. Ebensowenig kann man sich den Zimmermann von Nazareth als vorsichtigen Gelehrten vorstellen, der wohlgesetzte und wohlabgewogene Worte von sich gibt und subtile Gedankengänge liebt. Jesus war kein studierter Rabbi, sondern – wie wir schon sahen – ein Rabbi eigener Art. Astreine theologische Systeme waren so wenig seine Sache wie der moralische oder liturgische Perfektionismus.

Kein zelotischer Haudegen sondern Narrenkönig

Aber paßt Jesus dann nicht eher in die Rolle des zelotischen Draufgängers, in der ihn schon viele sehen wollten? Der auf einem Esel reitende »gewaltlose« König (Matthäus 21, 5) war kein Zelot oder gar Zelotenführer. Wäre Jesus ein Widerstandskämpfer gewesen, dann hätte er nicht zu Petrus gesagt: »Stecke dein Schwert an seinen Ort! Denn alle, die zum Schwert greifen, werden durch das Schwert umkommen« (Matthäus 26, 52). Seine wehrlose Liebe am Kreuz ist eine einzige Absage an den politischen Messias, zu dem ihn seine Anhänger (Johannes 6, 15) und Gegner machen wollten (Markus 15, 26). Man wird sich schwerlich diesen Narrenkönig (Matthäus 27, 28–30) als schneidigen Offizier oder Haudegen der jüdischen Untergrundorganisation vorstellen können. Aber auch die Rolle des umjubelten Volkshelden steht diesem verhaßten Mann (Johannes 7, 7) nicht an. Jesus lebte und starb wie ein Mensch, nicht wie ein Held. Man sucht in seinem Leben vergeblich so etwas wie eine Heldenpose. Deswegen

ist er kein »Dekadenztyp«, wie der Philosoph Nietzsche (1844–1900) meinte. Die weibisch-sentimentalen Züge vieler Jesusdarstellungen des 19. Jahrhunderts haben mit dem historischen Jesus nichts zu tun. (Der Thorvaldsen-Christus!) Jesus war kein Weichling, sondern ein Kämpfer.
Wenn er auch keiner jüdischen Partei zugerechnet werden kann, war er doch kein Parteiloser, der sich ängstlich und feige aus allem heraushält. Er *war* nicht *Partei*, aber er hat *Partei ergriffen*, nämlich Partei ergriffen für die Unterdrückten (siehe unten 3. Abschn. B 1).

3. Hat Jesus Wunder gewirkt oder hat man sie ihm später angedichtet, um ihn zu vergöttlichen? Könnten sie nicht wegfallen, ohne daß seiner Botschaft etwas Wesentliches abgeht? Welchen Sinn haben sie?

Dem Leser der Evangelien* fällt auf, wie viele Wunder Jesus gewirkt hat. Die drei ersten Evangelien, die sog. Synoptiker, berichten ausführlich von 29 Wundern Jesu. Aber auch in dem ganz anders gearteten Johannesevangelium spielen die Wunder eine große Rolle. Es kennt nur zwei Wunder der Synoptiker, darüber hinaus aber noch 5 andere.
Sind nur die Heilungswunder echt?
Der ev. Neutestamentler *Herbert Braun* schreibt: »Daß Jesus Kranke geheilt, das heißt nach dem damaligen Weltbild, daß er Kranke von dem die Krankheit verursachenden Dämon befreit hat, scheint mir äußerst wahrscheinlich. Solch eine Tätigkeit ist für die jüdischen Rabbinen** wie für die Heilbringergestalten der außerjüdischen Welt in gleicher Weise bezeugt.« »Die Heilungen durch Jesus werden ebenso geschehen sein wie die in dem Asklepios-Heiligtum in Epidaurus, wo die Votivtafeln«, die auf sie hinweisen, »keine Fälschung darstellen«. Nach Braun sind die *»Heilungswunder«* Jesu nicht übernatürliche »Eingriffe einer Gottheit«, sondern natürlich erklärbar (Suggestion?) und daher ein historisches Faktum, nicht eine spätere Erfindung der Gemeinde. Selbst seine Gegner mußten seine Wundertätigkeit widerwillig zugestehen (Markus 3, 22). Anders sei das mit den *»Naturwundern«* Jesu, also etwa

* Näheres zu den Evangelien siehe Anhang am Schluß!
** Gesetzeslehrer (Mehrzahl von Rabbi).

den Totenauferweckungen (Markus 5, 22–24; Lukas 7, 11–17) und der Sturmstillung (Markus 4, 35–41). Bei ihnen ist Braun »nicht geneigt, ein wirkliches damaliges Geschehen anzunehmen; jedenfalls nicht in der Art, wie die Texte selber dies Geschehen darstellen«[32]. – Andere Theologen betonen: Es gibt auch natürlich nicht erklärbare Wunder, Wunder, die die Naturgesetze durchbrechen. Gott wäre nicht Gott, könnte er keine solchen Wunder wirken. »Bei Gott ist kein Ding unmöglich« (Markus 10, 27). Wieder andere meinen nicht ganz zu Unrecht: Es ist nicht die Frage, ob Gott solche Wunder wirken *kann*, sondern ob er sie wirken *will* und ob sie nicht dem Niedrigkeitsweg, den er in Jesus gehen wollte, widersprechen (Matthäus 4, 1–11).

Wie dem auch sei, wichtig ist nicht, *ob* sich die Wunder Jesu *genauso ereignet haben*, wie sie die Evangelien schildern, sondern wichtig ist, *was* durch sie *ausgesagt* wird.

Die Wunder sind nicht Selbstzweck, sondern Zeichen

Die Wunder Jesu wollen etwas verkündigen. Sie sind keine Mirakel oder Schauwunder, die die Sensationslust befriedigen und einen Selbstzweck verfolgen. Jesus hat solche Mirakel, durch die er sich ausweisen sollte, abgewiesen (Matthäus 4, 5–7; 12, 38f.; 27, 42). Sie hätten ihn von seinem Kreuzweg abgebracht. Er war kein Zauberkünstler, zu dem ihn die außerneutestamentlichen (apokryphen) Evangelien verfälscht haben: Nach ihnen hat der Jesusknabe seinem Vater, dem Zimmermann Josef, nach Belieben Bretter verlängert und durch ein Händeklatschen aus Lehm geformte Sperlinge wegfliegen lassen. Sie fabulieren, die Kaiserstandarten hätten sich von selber vor Jesus verneigt, als er zu Pilatus geführt wurde – um nur ein paar Beispiele zu nennen. Solche Mirakel haben mit Jesus nichts zu tun, der nicht als Zauberer bestaunt werden, sondern still seinen Weg zum Kreuz gehen wollte. Jesus war kein Zauberkünstler, der die Leute durch magische Arrangements in seinen Bann zieht. Er wirkt seine Wunder immer durchs nüchterne Wort und immer nur für den, der diesem Wort glaubt. Wunder haben keinen Selbstzweck, sondern einen *über sich hinausweisenden* Zweck. Sie werden deshalb im Neuen Testament immer wieder als *»Zeichen«* bezeichnet. Ein Zeichen will ja über sich hinaus zeigen und nicht auf sich zeigen. Man denke an ein Verkehrszeichen oder

32. H. Braun: Jesus, 1973, S. 33f.

an einen Wegweiser. Worauf wollen die Wunder als Wegweiser hinzeigen? Auf das *Reich Gottes* (Matthäus 12, 28; 11, 4–6), auf die *neue heile Welt*, die Jesus verheißen hat und die er durch seine Auferstehung von den Toten für seine Person schon realisiert hat. Durch die Wunder Jesu soll ein schmaler Türspalt geöffnet werden, durch den die neue Welt Gottes für einen Moment sichtbar wird. Sie sollen veranschaulichen, wie das verheißene Reich Gottes aussieht und eine Vorahnung von ihm vermitteln. Das Wunder in allen Wundern ist also das Reich Gottes, wie es in *Jesus Gegenwart* ist.

Das eigentliche Wunder: Der Glaube an Jesus

Im Grunde geht es so in allen Wundergeschichten nur immer um das *Wunder Jesus*, besser gesagt: um das Wunder des *Glaubens an Jesus*. Der Glaube ist das eigentliche Wunder. Daher heißt es in den Wundergeschichten immer wieder: »Dein Glaube hat dich gerettet« (Markus 5, 34; 10, 52; Lukas 17, 19). Wie ein Zeichen etwas in sich Unwichtiges ist, das aber auf etwas Wichtiges hinweisen will, so haben die Wunder keinen Selbstwert, sondern sie verweisen auf das entscheidende Wunder des Glaubens. Sie wollen nicht, daß man sich wie der Wundersüchtige beim Zeichen aufhält, sondern daß man sich durch dieses auf das Bezeichnete weiter verweisen läßt.

Wo kein Glaube, da kein Wunder

Daß der Glaube an Jesus Kern und Stern des Wunders ist, erhellt aus Jesu Auftreten in Nazareth, wo er wegen des »Unglaubens« der Einwohner »keine Machttat vollbringen konnte« (Markus 6, 5). Wo kein Glaube, da kein Wunder. Das gilt nicht zuletzt vom Grundwunder der Auferstehung Jesu. Nur für den Glaubenden ist das leere Grab ein Wunder, für den Unglauben ist es kein Wunder, sondern ein Leichendiebstahl (Matthäus 28, 13). So ist das Wunder ein Geheimzeichen, eine Chiffre, die nur der versteht, der glaubt, während sie der Unglaube mißversteht (Markus 3, 22).

Wunderglaube und Glaubenswunder

Als Glaubenswunder schließt das Wunder jeden sensationslüsternen Wunderglauben aus. Das Wunder folgt aus dem Glauben, der Glaube folgt aber nicht aus dem Wunder (Johannes 20, 29). Besser gesagt: Man glaubt nicht an Jesus, weil er Wunder wirken kann, sondern umgekehrt, weil man an ihn glaubt, traut man ihm Wunder zu.

Doch kann der Mensch unseres Wissenschaftszeitalters noch

an Wunder glauben? Der ev. Theologe *R. Bultmann* sagte einmal: »Man kann nicht elektrisches Licht und Radioapparat benutzen – und gleichzeitig an die Geister- und Wunderwelt des Neuen Testaments glauben.«[33] Inzwischen scheint der moderne Mensch eher wieder dem Dichter rechtzugeben, daß es mehr Dinge zwischen Himmel und Erde gibt, als unsere Schulweisheit sich träumen läßt. Doch wenn es stimmt, daß die Wunder Wunder des Glaubens sind, dann sind sie weder wissenschaftlich beweisbar noch wissenschaftlich bestreitbar, weil für die Wissenschaft ungreifbar.

Der Glaube als Vertrauen

Die Wundergeschichten zeigen nicht nur, daß das Wunder aller Wunder der *Glaube* ist, sondern auch *was* Glauben heißt: Der Glaube ist ein *Vertrauen*, kein bloßes Fürwahrhalten von Katechismussätzen. Er vertraut Jesus so, wie der Patient dem Arzt vertraut. Ohne dieses Vertrauensverhältnis gibt es weder hier noch dort eine Heilung. Der Glaube ist also ein *Wagnis*. Hier geht man nicht auf Nummer Sicher. Hier gibt es keine Beweise. Wer also von Jesus Schauwunder erwartet, die ihn legitimieren sollen, und *daraufhin* glaubt, glaubt nicht, weil er nichts wagt. Hätte Jesus wirklich, wie man von ihm wollte, die Steine der Wüste in Brot verwandelt und wäre er wirklich von der Zinne des Tempels im Gleitflug herabgeflogen (Matthäus 4, 1 ff.), dann wäre das das Ende des Glaubens gewesen. Jesus hätte dann eine sensationsgierige Masse um sich gesammelt, aber keine Gemeinde der Gläubigen. Man wäre ihm nachgelaufen, aber nicht nachgefolgt. Das Wunder des Glaubens, auf das es alleine ankommt, hätte sich dann nie ereignet. »Der Glaube ist nicht jedermanns Ding« (Paulus, 2. Thessalonicher 3, 2).

4. Hat sich Jesus als Messias verstanden oder hat er diesen politisch belasteten Titel abgelehnt? Hat die Gemeinde in ihm den Messias gesehen?

Wer war Jesus? Wir sagten: ein jüdischer Arzt und Rabbi, der mit einem unerhörten Vollmachtsanspruch auftrat. Hat sich Jesus für den Messias gehalten?

33. R. Bultmann: Neues Testament und Mythologie, in: Kerygma und Mythos I, S. 17 f.

Die Zurückhaltung Jesu gegenüber dem Messiastitel

Das hebräische Wort Messias heißt soviel wie Gesalbter. Ins Griechische übersetzt lautet es Christus. Der Gesalbte ist im Judentum der König (1. Samuel 9, 16). Die Juden erwarteten einen Messias-König, der sie von ihren Unterdrückern befreit. Der ev. Neutestamentler *O. Cullmann* schreibt: »Das Werk des jüdischen Messias ist das eines politischen Königs Israels ... Er ist ein Nachkomme Davids. Deshalb trägt er auch den Titel ›Davidssohn‹« (Markus 12, 35). Nach Cullmann steht Jesus dem Messias- und Davidsohntitel zurückhaltend gegenüber, sosehr er ihn nicht direkt ablehnt. Denn der Titel hat herkömmlich eine politische Bedeutung, die er energisch abgewiesen hat[34]. Der Weg vom Viehstall zum Kreuzesgalgen hat nichts mit der Triumphstraße eines politischen Messias zu tun.

Der leidende und auferstandene Messias der Urgemeinde

Die judenchristliche Urgemeinde hat in Jesus den Messias (Christus) gesehen, freilich keinen *politischen*, sondern den *leidenden und auferstandenen Messias*. Der Messias- oder Christustitel setzte sich gegen alle anderen Titel, die man Jesus beilegte, durch, verblaßte aber bald zum bloßen Eigennamen. In Antiochia nannte man die Anhänger des Christus zum erstenmal »Christen«, was soviel heißt wie Messiasleute, Königsleute (Apostelgeschichte 11, 26). Die judenchristliche Gemeinde konnte den *Juden* die Bedeutung Jesu nur mit einem *jüdischen* Titel klarmachen. Jesus sprengt aber als der »gescheiterte« Messias, der seinen Sieg in einer Niederlage versteckt, den herkömmlichen Messiastitel. Das gilt auch von allen anderen Titeln wie Gottessohn, Menschensohn, Herr, Prophet usw. »Kein gängiger und geläufiger Begriff, kein Titel und Amt, welche jüdische Tradition und Erwartung bereit hielten, ... erschöpft das Geheimnis seines Wesens« (*Günther Bornkamm*, ev. Neutestamentler)[35]. Es ist sehr wohl möglich, daß sich Jesus keinen einzigen Hoheitstitel der jüdischen Tradition beilegte – ganz im Unterschied zu seinen Anhän-

34. O. Cullmann: Christologie des Neuen Testaments, 2. Aufl. 1958, S. 117, 126, 134. Cullmann meint, Jesus antworte dem Hohepriester auf seine Frage, ob er der Messias (Christus) sei, ausweichend. Vom Aramäischen her laute die Antwort: »Das sagst du.« Mt. 26, 64 S. 119ff.
35. G. Bornkamm: Jesus von Nazareth, 1956, S. 163.

gern, die diese Titel auf ihn anwandten, um ihren Glauben an ihn auszudrücken. Er wollte ganz unauffällig als der Titellose und Namenlose seinen Weg gehen, er wollte das *Inkognito Gottes* (E. Brunner) sein.

C. KONKRETION

Der ehemalige Gauleiter von Ostpreußen, Erich Koch, der maßgeblich an der Massenvernichtung von Juden im Zweiten Weltkrieg beteiligt war, erklärte vor der Großen Strafkammer des Wojwodschaftsgerichts in Warschau am 20. Oktober 1958, als ihm der Prozeß gemacht wurde: »Wenn ich überhaupt noch lebe, so verdanke ich das allein einer großen Frau, der Gefängnisärztin Dr. Kaminska.« Dr. Kaminska ist Jüdin[35a].

In dieser Geschichte wird noch einmal brennglasartig zusammengefaßt, worum es in diesem Kapitel geht, das seinen Ausgang nahm vom jüdischen Jesusbild. Die Jüdin Kaminska hat das »Unjüdische« an Jesus besser begriffen als viele Christen, nämlich die *grenzenlose* Liebe und damit das verborgene Wunder des Reiches Gottes. Zugleich verweist die Geschichte auf den *gekreuzigten* Messias, der inkognito mitleidet mit seinem Volk, mit ihm unzählige Male neu ans Kreuz geschlagen wurde von den Pogromen des Mittelalters bis zu dessen Martyrium im Dritten Reich.

Fragen zum weiteren Nachdenken

1. Im Mittelalter wurde in vielen Städten regelmäßig am Ostersonntag ein Jude öffentlich geohrfeigt. Wer hat Christi Willen erfüllt, die Christen, die ihn im Namen Christi auf die Backe schlugen, oder der Jude, der die Backe hinhielt, ohne an Christus zu glauben?

2. Während der Kreuzzüge und bei den spätmittelalterlichen Judenverfolgungen in Spanien wurden die Juden vor die Wahl gestellt: »Taufe oder Tod«. Unzählige gingen lieber in den Tod, als sich taufen zu lassen. Auf welcher Seite stand Christus, auf der Seite der Peiniger, die getauft waren, oder auf der

35a. Bei Stauffer: Die Botschaft Jesu, 1959, S. 146.

der Gepeinigten, die lieber sterben als getauft werden wollten?

3. Hat unser Volk Buße getan für Auschwitz? Hat es seine Vergangenheit verdrängt oder aufgearbeitet?

4. Was bedeutet es für unser Leben, daß Jesus von Nazareth ein leidender und gewaltloser Messiaskönig ist, der seinen Sieg unter einer Niederlage versteckt?

5. Haben wir den Mut, in einer Welt, in der das Gesetz »Auge um Auge, Zahn um Zahn« gilt, die andere Backe hinzuhalten?

6. Ist die Regel der Bergpredigt, man soll dem Bösen keinen Widerstand leisten, damit es sich totläuft, wirklich so weltfremd, wie sie klingt?

7. Lieben wir grenzenlos wie Jesus oder findet unsere Liebe eine Grenze an Menschen, die uns unsympathisch sind oder Unrecht getan haben? Sind wir großzügig genug, *alle* zu lieben, auch unsere Feinde?

Zweiter Abschnitt

JESUS, EIN GROSSER MENSCH?
Das humanistische Jesusbild

EINSTIEG

In der religiösen Meinungsumfrage[36] des »Spiegels« vom Jahre 1967 war aus folgenden vier Ansichten (A–D) eine auszuwählen:
A: »Jesus hat nie gelebt«.
B: »Jesus hat vor fast 2000 Jahren gelebt. Heute leben wir in einer ganz anderen Welt. Für mich hat Jesus heute keine Bedeutung«.
C: »Jesus war nur ein Mensch, aber ein großer Mensch, der die Menschen zum Guten führen wollte. Er kann mir deshalb noch heute ein Vorbild sein«.
D: »Gott hat Jesus, seinen Sohn, zu den Menschen gesandt, um sie zu erlösen. Jesus wurde von den Toten auferweckt und ich kann zu ihm beten«.
1 % machten keine Angaben, 3 % kreuzten die Meinung A, 15 % die Meinung B, 39 % die Meinung C und 42 % die Meinung D an. Erstaunlich ist die hohe Zahl derer, die in Jesus einen großen Menschen, der die Menschen zum Guten führen wollte, und ein Vorbild erblicken (39 %). Von den befragten Protestanten sehen sogar 45 % Jesus so, von den befragten Atheisten 29 %. Die Meinung C gibt das humanistische* Jesusbild wieder, das seit der Aufklärung** vertreten wird.
Dieses Bild von Jesus als dem *edlen Menschen* blieb nicht unwidersprochen. Für *Nietzsche* ist Jesus weder »Genie« noch »Held«, sondern ein dekadenter Weichling[37], der »die

* Von Humanismus, eine geistige Strömung, die das Ideal edler Menschlichkeit vertritt.

** Geistige Bewegung des 17. und 18. Jahrhunderts, die sich vor allem an der Vernunft orientieren will.

36. Was glauben die Deutschen? 1968, S. 84f.
37. F. Nietzsche: Der Antichrist, 1888, in: Götzendämmerung, Der Antichrist, Gedichte, Kröner 1930, S. 224, 227.

Verdummung der Menschen förderte«. Jesus gilt als unvornehmer Mensch, dem die »noblesse des Gefühls« fehlte und der nicht umsonst die »große Pöbelbewegung« des Christentums ausgelöst hat[38]. Das Christentum ist in seinen Augen eine »Verschwörung gegen Gesundheit, Schönheit, Wohlgeratenheit, Tapferkeit, Geist, Güte der Seele, *gegen das Leben selbst*«[39].
Wir besprechen ein philosophisches* und ein literarisches Beispiel des humanistischen Jesusbildes.

A. INFORMATION

1. Karl Jaspers: Jesus, ein maßgebender Mensch

Der Philosoph *Karl Jaspers* (1883–1969) ist ein Vertreter des Existentialismus, einer Denkrichtung, die die *Existenz*, das *Dasein* des Menschen in den Mittelpunkt rückt (Näheres unten!).
Die vier maßgebenden Menschen: Sokrates, Buddha, Konfuzius, Jesus
Jaspers zählt Jesus zusammen mit Sokrates, Buddha und Konfuzius zu den vier »maßgebenden Menschen«[40]. Der griechische Philosoph *Sokrates*, der um 469–399 vor Christus lebte, gilt als der Vater der abendländischen Philosophie. Er war der Lehrer des Philosophen Plato, der seinerseits einen nachhaltigen Einfluß auf die Philosophiegeschichte ausübte. Sokrates wurde von einem athenischen Gericht wegen Gottlosigkeit zum Gifttod durch den Schierlingsbecher verurteilt. Auf den aus einem indischen Adelsgeschlecht stammenden Asketen *Buddha* (geb. um 480 vor Christus) geht die Weltreligion des Buddhismus zurück, der sich gegenwärtig etwa 200

* Philosophie = wörtl. die Weisheitsliebe, sie ist das Streben nach Erkenntnis der letzten Zusammenhänge des Seienden.

38. Ders.: Unzeitgemäße Betrachtungen, Kröner Bd. 71, S. 40, 343, 321.
39. Ders.: Der Antichrist, S. 283.
40. K. Jaspers: Die großen Philosophen, 1957, S. 214ff.

Millionen Anhänger zuzählen. *Konfuzius* oder Konfutse (551–478 vor Christus) ist ein chinesischer Philosoph, auf den sich die Weltanschauung des Konfuzianismus beruft, der heute über 300 Millionen Anhänger zugehören.
Jesus ist wie die drei anderen Genannten ein »großer Mensch«. Worin besteht menschliche Größe? Groß machen einen Menschen letztlich nicht seine »Leistungen«, seine »Virtuosität«, seine »Intelligenz«, sondern »Größe ist da, wo wir ... spüren«, daß »wir selber besser werden«. Groß ist ein Mensch, wenn von ihm eine reinigende Wirkung ausgeht, wenn er eine »Kraft« ausstrahlt, »die uns wachsen läßt«[41]. Groß ist ein Mensch, wenn er wie die vier Genannten andere Menschen geprägt hat. »Diese Männer haben ohne den Besitz weltlicher Macht, ohne den Zauber von Demagogen ... Menschen geistig bezwungen, selber duldend und verzichtend«. »Warum die vier?« Es gibt doch auch noch andere maßgebende Menschen, wie etwa Mose und Abraham. »Aber keiner erreicht durch Umfang und durch Zeitdauer die historische Wirkung jener vier. Der einzige, der historisch einen vergleichbaren Umfang an Wirkung hatte, Mohammed*, ist an Tiefe des Wesens nicht« mit jenen »zu vergleichen«[42].

Die Gemeinsamkeiten der großen Vier

Das Gemeinsame dieser vier richtungsweisenden Menschen ist u. a. die »universale Menschenliebe ohne Einschränkung«, die Weltüberwindung, das »Schweigen« und die verschlüsselte Rede, vor allem aber »Tod und Leiden« als »Grundtatbestand des Menschendaseins«. »Sokrates starb mit siebzig Jahren den Tod in Reife und Ruhe«, »Heiterkeit« und »Gelassenheit«. »Ihm wurde der milde Tod durch Vergiftung mit dem Schierling zuteil. Er blieb ohne Pathetik des Martyriums. Aber vielleicht wäre er ohne seinen Tod historisch nicht das geworden, als was er gewirkt hat.« »Jesus starb am Kreuze jung, dreißig Jahre alt. Er starb seinen Tod in grausamster und entwürdigendster Gestalt ... Er sträubte sich und nahm ihn auf sich als Gottes Willen. Ohne ihn wäre Jesus nicht zum Christus geworden ...« Sokrates und Jesus sind je auf ihre Weise »Antworten auf die Frage nach dem Tode«[43].

* Stifter des Islam (um 570–632 nach Christus).

41. Ders.: Die maßgebenden Menschen, 4. Aufl. 1971, S. 10f.
42. Ders.: Die großen Philosophen, S. 218f.
43. Ebd. S. 219ff.

Die Umdeutung der Tragödie von Golgatha

Nun geschah etwas Ungeheuerliches. Die Jünger Jesu deuteten seine »ihnen zunächst unbegreifliche Hinrichtung« in einen »Opfertod« für die Sünden der Menschen um. Der »schmähliche Kreuzestod« wurde hochstilisiert zu einer liturgischen Kulthandlung. »Nun glaubten sie nicht mehr nur mit Jesus an Gott, sondern ohne Jesus an den auferstandenen Christus.« Er wurde zu dem gemacht, was er nicht sein wollte, zum »Messias« und »Gottes Sohn«. »Am Ende des Weges steht der Glaube an« einen »Gott, dem die menschliche Wirklichkeit belanglos wird ...« Dies alles »hat mit Jesus nichts zu tun«[44].

Bedingungslose Liebe, Weltdistanz und grenzenloses Leiden

Aber wer war nun Jesus wirklich? Der historische Jesus kann nicht rekonstruiert werden, aber er wird »durch die Schleier der Überlieferung hindurch« »sichtbar«. Er hat das »Weltende und Gottesreich« erwartet und in der Nächstenliebe ein »Zeichen« dieses Gottesreiches gesehen. Diese Liebe ist an keine Bedingungen geknüpft, sie wendet sich »bedingungslos« jedem Menschen, sogar dem Feind zu. Sie gilt »uneingeschränkt«, wie das Gleichnis vom Barmherzigen Samariter zeigt (Lukas 10, 25–37). »Entsprechend liebte Jesus ... jeden Menschen, der ihm begegnete«. »Alle sind ihm recht.« Vor allem »die Armen, die Ausgestoßenen, die Sünder, weil ihre Seele aufgelockert ist und darum bereit« zu glauben. »Am fremdesten sind Jesus die Menschen, die sich gesichert ... fühlen« wie die »Reichen« und die selbstgerechten »Pharisäer«.

Man darf aber Jesus nicht »durch Franz von Assisi sehen«. »Es geht nicht an«, mit Nietzsche »aus Jesus eine duldende, weiche, liebende Gestalt zu machen, noch weniger einen nervösen, widerstandslosen Menschen«. Neben den »Zügen unendlicher Milde« steht die »Härte«. Man denke an die Verfluchung des Feigenbaums und an die Tempelaustreibung (Markus 11, 11–17), das »Wehe« über die Städte Chorazim und Bethsaida (Matthäus 11, 21) oder an das barsche Wort an den jungen Mann, der erst noch seinen Vater begraben will, bevor er ihm nachfolgt: »Laß die Toten ihre Toten begraben (Matthäus 8, 22).

Jesus »ist in der Welt über die Welt hinaus«, daher ist der

44. Ebd. S. 209ff.

andere Grundzug seines Wesens neben der Liebe, die »Freiheit« und »Unbefangenheit« gegenüber der Welt. Zur grenzenlosen Liebe und Freiheit kommt das »grenzenlose Leiden«. Seine »Leidensfähigkeit ... ist geschichtlich einzig«[45].

Jesus, ein Existentialist

Jesus ist ein *einzigartiger Mensch*, aber nicht der *einzige Mittler* zwischen *Gott* und *Mensch*, wozu ihn das Christentum machte. »Der Weg zu Gott« »ist« »auch ohne Christus möglich«[46]. Aber darin ist Jesus richtungweisend, daß er sein *Dasein* entworfen hat, indem er sich dem daseinsfeindlichen *Sosein*, der Welt, gestellt hat. Jesus ist eine Art Existentialist. Nach dem Existentialismus findet der Mensch erst dann zu sich, wenn er die Grenzsituationen seines Lebens (Leid und Tod) ins Auge faßt und sich ihnen stellt. Im Kampf gegen das Sosein, gegen das, was unabänderlich so sein will, wie es ist, gewinnt der Mensch seine Existenz, sein Dasein. *Da* ist er erst, wenn er sich nicht dumpf mit der bleiernen Tyrannis des Schicksals abfindet, sondern ihm bewußt ins Auge sieht. Seine *Existenz* gewinnt er erst im Kampf gegen die *Essenz*, d. h. das *Sosein*.

Ergänzende Anmerkung: Der äußere biographische Aufriß des Lebens Jesu

Das älteste Evangelium, das Markusevangelium, berichtet nichts von der Geburt und Kindheit Jesu, es beginnt mit seiner Taufe durch Johannes den Täufer (Markus 1, 9–11). Anders Matthäus und Lukas, die über Jesu Geburt und Kindheit in einer »Vorgeschichte« berichten (Matthäus 1–2; Lukas 1–2). Während es Forscher gibt, die diese beiden Vorgeschichten für historisch halten, meinen andere wie *G. Bornkamm*, sie seien »zu sehr von Legende und Gedanken jüdischer und christlicher Messiasdogmatik* überwachsen, als daß man sie für historische Feststellungen auswerten könnte«. Bornkamm stellt zur Biographie Jesu fest: »Jesu Heimat ist das halbheidnische« und halbjüdische Galiläa im Norden Palästinas, »Nazareth seine Vaterstadt. Seine Familie gehörte sicher dem jüdischen Bevölkerungsteil an«. »Jesu Vater ... ist Zim-

* Dogmatik = Glaubenslehre.

45. Ebd. S. 191 f., 206 ff.
46. Kerygma und Mythos, hg. von H. W. Bartsch, III, 1966, S. 39.

mermann. Wir kennen die Namen seiner Eltern, Josef und Maria, auch seiner Brüder, Jakobus, Joses, Judas und Simon« (Markus 6, 3). »Jesu Brüder gehören – wie auch seine Mutter – nach anfänglichem Unglauben« (Markus 3, 21) »später zur Gemeinde«. »Jesu öffentliche Wirksamkeit beginnt« »etwa in seinem 30. Lebensjahr« (Lukas 3, 23). »Die ersten drei Evangelien« (Matthäus – Markus – Lukas) »erwecken den Eindruck, als ob sie nur ein Jahr gewährt hätte«[47]. Soweit Bornkamm. Anders *E. Stauffer*[48], der vom Zeitaufriß des Johannesevangeliums ausgeht und eine vierjährige öffentliche Wirksamkeit Jesu für möglich hält, vom Frühjahr des Jahres 28 bis zu seiner Kreuzigung im Frühjahr des Jahres 32. Nach Stauffer wurde Jesus im Jahre 7 vor Christus geboren, als – nach außerbiblischen Quellen – die Volksschätzung begann, von der das Lukasevangelium berichtet (Lukas 2, 1–2)[49]. (Zu den Evangelien und den Quellen über Jesus siehe den Anhang am Schluß des Buches!)
Nach dem Zeitrahmen des Markusevangeliums, den auch Matthäus und Lukas übernehmen, kann man drei Phasen der öffentlichen Wirksamkeit Jesu unterscheiden:
- »Jesu Wirken in Galiläa« (Markus 1, 14–6, 6a)
- »Jesus auf unsteter Wanderung« (Markus 6, 6b–10, 52)
- »Jesu Wirken, Leiden, Tod und Auferstehung in Jerusalem« (Markus 11, 1–16, 20)

(So der kath. Neutestamentler *A. Wikenhauser*)[50]
Es darf als historisch gesichert gelten, daß Jesus vom Hohen Rat wegen Gotteslästerung zum Tode verurteilt (Markus 14, 64) und dem römischen Prokurator Pilatus ausgeliefert wurde (Markus 15, 1), der ihn als »König der Juden«, d. h. als politischen Aufrührer gegen die römische Besatzungsmacht (Lukas 23, 2) kreuzigen ließ (Markus 15, 2–15). Die Kreuzigungsstrafe war bei den Römern eine den Sklaven vorbehaltene Hinrichtungsform, die aber auch fremden Völkern gegenüber angewandt wurde, soweit sie nicht im Besitz des römischen Bürgerrechts waren. Ironischerweise ließ man in den römischen Provinzen vor allem *Freiheitskämpfer*, die die römische

47. G. Bornkamm: Jesus von Nazareth, 1959, S. 48f.
48. E. Stauffer: Jesus, Gestalt und Geschichte, 1957, S. 17f.
49. Ders.: S. 41f., 34, 26ff.
50. A. Wikenhauser: Einleitung in das Neue Testament, 3. Aufl. 1959, S. 114ff.

Herrschaft abschütteln wollten, den *Sklaventod* am Kreuz sterben. Die Kreuzigung, bei der der Hingerichtete eines qualvoll-langsamen (sich über viele Stunden und mitunter Tage hinziehenden) Todes starb, galt als die grausamste Todesstrafe. Im Judentum sah man in einem am Kreuzesgalgen Gehenkten einen von Gott Verfluchten[51].

2. Albert Camus: Jesus, dem nichts Menschliches fremd war

Der französische Schriftsteller *A. Camus* (1913–1960) ist stark vom Existentialismus beeinflußt. Entsprechend ist sein Jesusbild existentialistisch vorgeprägt.

Kein Übermensch

Camus läßt in seinem Roman *Der Fall* den Rechtsanwalt Clamans von Jesus sagen:
»Verriet die Traurigkeit, die man in all seinem Tun ahnt, nicht die unheilbare Schwermut dessen, der jede Nacht Rahels Stimme hörte«, die die hingemordeten Kinder von Bethlehem beweinte (Matthäus 2, 16–18). Jesus ging in den Tod, weil er die Schuld an diesen ja seinetwegen zerstückelten Kindern nicht mehr ertragen konnte. Er »vermochte nicht mehr, sich aufrecht zu halten und weiterzumachen«. »Weitermachen« ist »etwas Übermenschliches. Und er war kein Übermensch«. Jesus hat sich durch seinen Tod dem Un-Gemach der Schuld entzogen, in dem der Mensch sich befindet. Das Un-Gemach war »im Mittelalter das unterste Verlies«. »Diese Zelle unterschied sich von den übrigen durch ihre ausgetüftelten Maße, denn sie war zu wenig hoch, als daß man aufrecht darin hätte stehen, aber auch zu wenig breit, als daß man sich hätte hinlegen können. Man mußte sein Glück im Winkel suchen und diagonal leben ... Durch den unveränderlichen Zwang, der seinen Körper steif werden ließ, erfuhr der Verurteilte jeden Tag aufs neue, daß er schuldig war«. Die Schuld ist vergleichbar mit so einem Ungemach, in das der Mensch, »der an Gipfel und Sonnendecks gewöhnt ist«, eingesperrt wird. Jesus »hat seine Todesangst herausgeschrien, und darum liebe ich ihn, meinen Freund, der da starb mit der Frage auf

51. Joh. Schneider: Theol. Wörterbuch zum Neuen Testament VII, S. 573f.

den Lippen«: »Warum hast du mich verlassen« (Markus 15, 34). »Das war ein aufrührerischer Schrei gegen Gott.« Darum hat ihn Lukas »weggelassen«.
Dabei war er, dem »nichts Menschliches fremd war«, so menschlich zu den anderen. »Er sagte voll Milde zur Ehebrecherin: So verdamme ich dich auch nicht!« (Johannes 8, 11). Anders seine Anhänger. »Sie verdammen, sie sprechen niemanden los.« Sie »richten in seinem Namen«.
»Das Unglück besteht darin, daß er uns alleingelassen hat, auf daß wir weitermachen, was auch geschehe, selbst wenn wir im Un-Gemach hausen.«

Das Kreuz als Weißwäscherei

»Natürlich hat man versucht, seinen Tod als Krücke zu gebrauchen. Im Grunde genommen war es ein Geniestreich, uns zu sagen: ›Ihr seid nicht gerade ansehnlich, das ist unbestreitbar. Nun, wir wollen das nicht im einzelnen untersuchen. Das werden wir alles in einem Aufwaschen auf dem Kreuz erledigen!‹« Das Kreuz wurde zu einer einzigen »großen Weißwäscherei«[52]. Der Atheist und Existentialist Camus ist der Meinung, daß es keinen Gott gibt, der dem Menschen die Verantwortung für das, was er tut, abnehmen kann, und daß er sie selber übernehmen muß, wenn er Mensch bleiben will. Wenn der Mensch sein Schicksal ins Auge faßt und sich ihm nicht entzieht, wächst er über es und sich selbst hinaus.

B. PROBLEMSKIZZE

1. Ist Jesus ein Mensch wie alle anderen oder Gottes Sohn und Gott? Hatte er teil an der Unzulänglichkeit des Menschlichen, oder war er sündelos und frei von Schuldverstrickung? War er ein großer Mensch oder Gott, der klein wird?

Es ist mit das Verdienst des humanistischen Jesusbildes, die Menschlichkeit Jesu, die in der Kirche zeitweise ganz in Vergessenheit geraten war, wiederentdeckt zu haben.

52. A. Camus: Der Fall, 1963, S. 103, 105 ff.

Ein Mensch wie wir

Jesus war nach dem Neuen Testament ein *Mensch wie alle anderen*: er hat gegessen und getrunken, hat gelacht und geweint wie ein Mensch, er war verzagt und zornig, hat gelitten und ist gestorben wie ein Mensch. Ja, er war wissensbegrenzt wie jeder andere Mensch (Markus 13, 32), konnte sich irren wie jeder Mensch, wie etwa im Termin des Weltendes (Matthäus 10, 23; 16, 28). Er war, wie der Hebräerbrief schreibt, uns Menschen »in allem gleich« (2, 17), selbst darin, daß es keine Sünde gab, zu der er nicht versucht worden ist. »In allem« war er »versucht« (Hebräer 4, 15).

An Jesus von Nazareth war nichts Supermenschliches: er war kein herkuleischer Kraftmensch, wie ihn Michelangelo in seinem »Jüngsten Gericht« darstellt, er war kein brillanter Schriftsteller, er war kein tiefgründiger Philosoph, kein virtuoser Künstler und Schöngeist, kein Erfinder, kein Entdecker, kein Genie. Er hatte nicht den Drang, zu blenden und zu funkeln. Es war nichts Außergewöhnliches an ihm, außer daß er *außergewöhnlich geliebt hat.* Der Nichtchrist *G. Szczesny* nennt Jesus »ein Genie des liebenden Verstehens«[53]. War er also doch so etwas wie ein Genie?

Die Frage, ob Jesus ein Genie, ein Gipfelmensch, ein Mensch mit herausragenden Eigenschaften, also ein besonders geglücktes Exemplar der menschlichen Rasse war, trifft am Kern vorbei. Denn diese Frage tut so, als gäbe es für Jesus einen Maßstab. Es gibt keinen Maßstab, an dem er gemessen werden könnte. *Er* ist der Maßstab, an dem alles andere sich messen lassen muß. So sehen ihn jedenfalls die Evangelien.

Und doch mehr als ein Mensch

Die Evangelien wollen Glauben an ihn wecken, nicht das Leben eines großen Menschen schildern. Jesus war ein Mensch wie alle anderen und er war doch mehr als ein Mensch, auch mehr als das, was man einen großen Menschen nennt. Worin besteht dieses »Mehr« nach dem Neuen Testament? Das »Mehr« deutet sich in Jesu unerhörtem Vollmachtsanspruch, den wir im 1. Abschn. B 1 besprochen haben (Matthäus 5, 21–48), an. Mehr als bloß ein Mensch war Jesus, weil er nach dem Zeugnis der Evangelien an Gottes Stelle spricht und handelt, weil er Glauben für sich fordert.

Mehr als bloß ein Mensch war Jesus nach dem Neuen Testa-

53. G. Szczesny: Die Zukunft des Unglaubens, S. 42.

ment vor allem deshalb, weil er ohne Sünde war (Johannes 8, 46; 2. Korinther 5, 21). Nach dem Hebräerbrief war er »in allem versucht« wie wir, »doch ohne Sünde« (4, 15).

War Jesus ein sündeloser Scheinmensch?

Es gibt Theologen, die meinen, der sündelose Jesus sei der Jesus der Kirche, nicht Jesus, wie er wirklich war. Wäre er kein Sünder gewesen, dann wäre er kein voller Mensch, sondern ein Scheinmensch gewesen, dann wäre er mit uns Menschen nicht wirklich solidarisch geworden (vgl. Camus!). Sie berufen sich auf Markus 10, 18, wo Jesus sich dagegen wehrt, »gut« genannt zu werden; denn »niemand ist gut außer Gott allein«.

Andere Theologen vertreten die Ansicht, man müsse diese Stelle aus dem Markusevangelium – wie das ganze Evangelium – von der Passion Jesu her auslegen. Es sei die Grundabsicht dieses Evangeliums, die Hoheit Jesu zu verheimlichen. Daher das ständige Schweigegebot Jesu am Ende der Wundergeschichten! (Markus 1, 44; 3, 12; 5, 43; 7, 36). Daher das Verbot, darüber zu reden, wer er ist (Markus 8, 30). Es wäre mit dem Leidensweg unvereinbar gewesen, seine Hoheit zu enthüllen und mit ihr aufzutrumpfen, etwa mit den Worten: Ich bin gut, ich bin der, den alleine man gut nennen darf, ich bin Gott. Die Solidarität Jesu mit den Sündern bestünde gerade darin, daß er »versucht« war wie sie, »doch ohne Sünde« (Hebräer 4, 15). Denn nur dadurch konnte er ihnen »helfen« (Hebräer 2, 18). Wie hätte er ihnen aber helfen können, wenn er selber der Versuchung erlegen wäre? Wäre Jesus selbst ein Sünder gewesen, dann hätte er die Menschen nicht von der Sünde befreien können. Wäre Jesus – um das Bild Camus' zu gebrauchen – mit uns im Gefängnis der Schuld gewesen, dann hätte er uns aus diesem Gefängnis nicht befreien können, denn dieses Gefängnis kann man nicht von innen, sondern – wie jedes Gefängnis – nur von außen aufschließen. Nur weil Jesus nicht in dieses Gefängnis eingesperrt war, nur weil er kein Gefangener der Sünde, sondern ein Freier war, konnte er die Gefangenen befreien.

War er Gott selber?

Der Mensch, der sich aus diesem Gefängnis nicht selber befreien kann, braucht einen, der ihn von außen befreit; religiös ausgedrückt, er braucht *Gott*. Denn Gott ist nichts anderes als der, der das Gefängnis von außen aufbricht. Oder mit einem anderen Bild gesagt: Da der Mensch sich nicht am eigenen

Schopf aus dem Sumpf ziehen kann, in dem er versinkt, kann ihn nur einer, der selber nicht im Sumpf versinkt, sondern am Ufer steht, herausziehen. Dieser Helfer von außen, dieser letzte Halt, den der Mensch braucht, wenn er keinen Boden mehr unter den Füßen hat, ist Gott. Wir verstehen jetzt, warum Jesus sündelos, warum er mehr als nur ein Mensch, warum er *Gott selber sein mußte*, um *helfen* zu können. Ein Mensch – und sei es ein großer – hätte den Menschen nicht befreien können. Es liegt daher dem Neuen Testament sehr viel daran, immer wieder darauf hinzuweisen, daß Jesus mehr als bloß ein Mensch war, daß er Gott selber ist. Er wird zwar in ihm selten mit Gott identifiziert (Johannes 10, 30; 14, 9; Philipper 2, 6) und nur ein paarmal direkt als Gott bezeichnet (Johannes 1, 1; 20, 28; Hebräer 1, 8–10; Kolosser 2, 2). Von seiner Gottheit wird mehr verhüllt und indirekt geredet, wie etwa, wenn vom Glauben an ihn und vom Gebet zu ihm gesprochen wird, oder durch bestimmte Titel. Der Grund, warum das Neue Testament verhüllt und chiffriert von Jesu Gottheit redet, wurde bereits oben angegeben, als wir von der *Verheimlichung der Hoheit* Jesu bei Markus sprachen. Der Niedrigkeitsweg Jesu verbot es ihm, seine Gottheit vor aller Welt zu enthüllen und mit ihr zu prunken. Paulus drückt das so aus: »Obschon er in Gottes Gestalt war, hielt er die Gottgleichheit nicht für einen Gewinn, den es auszunützen gilt, sondern er gab alles auf, nahm Knechtsgestalt an und wurde den Menschen gleich ... Er erniedrigte sich selbst und wurde gehorsam bis zum Tod ...» (Philipper 2, 6 ff.). Luther meint, Gott verhüllt seine Majestät »unter dem Gegenteil« (sub specie contraria), er verbirgt seine Hoheit unter der Niedrigkeit, seine Allmacht unter der Ohnmacht, er versteckt seinen Sieg am Kreuz in einer Niederlage. Jesus ist nicht ein *großer Mensch*, sondern ein *Gott, der sich klein macht*, nicht ein vergöttlichter Mensch, sondern umgekehrt ein Gott, der Mensch wird, weil er es nicht besser haben will als wir Menschen. Die Linie geht also nicht von unten nach oben, sondern von oben nach unten. Die Theologie redet daher von der *»Kondeszendenz«* Gottes, d. h. vom Abstieg, von der Selbsterniedrigung Gottes.

Wir kamen zu dem Schluß: Jesus war mehr als bloß ein Mensch. Wir meinten zuletzt: Dieses »Mehr«, dieses unverrechenbare Geheimnis seiner Person bestehe in seiner Gottheit. Dieses »Mehr« sei aber ein »Weniger«, weil Gott sich unter dem Gegenteil verbirgt.

Wir sagten: Das Neue Testament redet indirekt von Jesu Gottheit, wie etwa durchs Gebet zu ihm oder durch Titel. Wir greifen ein Gebet und zwei Christus-Titel des Neuen Testaments heraus, die auf Jesu Gottheit hinweisen.

Maranatha

Mit das älteste uns erhaltene Gebet der Christenheit ist der 1. Korinther 16, 22 genannte Gebetsruf Maranatha. Er ist aramäisch, stammt also aus der ältesten christlichen Gemeinde, der aramäisch sprechenden, judenchristlichen Urgemeinde, die nach der Auferstehung Jesu in Palästina entstanden ist. Der Gebetsruf richtet sich an Jesus und weist nach, daß Jesus von Anfang an in der Christenheit als Gott angebetet wurde. Der Gebetsruf wurde bei der Abendmahlsfeier gesprochen. Er heißt soviel wie: *Herr komm!*[54]

Der Herr (Kyrios)

Mit dem griechischen Wort für Herr, *Kyrios*, wird Jesus im Neuen Testament sehr häufig tituliert, und zwar von der griechisch sprechenden, hellenistischen Gemeinde. Dieser Kyriostitel ist im damaligen Sprachgebrauch weniger eine Höflichkeitsbezeichnung wie unser heutiges »Herr«, sondern er bedeutet so viel wie Gott. Denn in der damals von der hellenistischen Gemeinde gelesenen griechischen Übersetzung des hebräisch verfaßten Alten Testaments wurde der Gottesname mit »Kyrios« übersetzt. Außerdem bezeichnete man zur damaligen Zeit heidnische Götter wie etwa Serapis und Osiris mit dem Kyrios-Titel (vgl. 1. Korinther 8, 5f.). Aber auch der vergöttlichte römische Kaiser wurde »Kyrios« genannt. Wenn sich die Gemeinde zu Jesus als dem Kyrios bekannte (Römer 10, 9; Philipper 2, 9), so wollte sie also damit nicht nur aussagen: Jesus ist Gott, sondern auch: *Jesus* ist der *eigentliche* Kaiser, der *eigentliche* Herr der Welt[55].

Der Gottessohn

Ein anderer Titel, der ebenso wie der Kyrios-Titel die Gottheit Jesu zur Sprache bringt, ist der Titel *»Gottessohn«*. Auch mit diesem Titel wollte die hellenistische Gemeinde des Neuen Testaments ausdrücken, wer Jesus war (Markus 1, 11 usw., Johannesevangelium, Hebräerbrief). Der römische Kaiser,

54. Theol. Wörterbuch zum Neuen Testament IV, S. 470–475; O. Cullmann: Die Christologie des N. T., 2. Aufl. 1958, S. 214ff.
55. Zum Titel »Kyrios« siehe O. Cullmann: Die Christologie des Neuen Testaments, 2. Aufl. 1958, S. 200ff.

aber auch Menschen mit göttlichen Kräften wie Wundertäter wurden zur damaligen Zeit »Gottessöhne« genannt. Nach *O. Cullmann* soll der Titel im Neuen Testament »die Einzigartigkeit und Einmaligkeit der Beziehung Jesu zu seinem Vater ausdrücken«[56]. Er ist nicht in dem allgemeinen Sinn Sohn Gottes, wie wir Menschen Kinder Gottes sind, sondern in einem einzigartigen, einmaligen Sinn. »Jesus ist Gottessohn ... in der gehorsamen Erfüllung seiner Aufgabe«[57] und in der »restlosen Willenseinheit mit dem Vater«[58] (*Cullmann*). Da er aus Gott gezeugt ist, ist er in einer Weise mit Gott eins, wie es Menschen nie sein können. »Nur weil Jesus ganz anders als wir der Sohn ist, kann er uns zu Söhnen machen« (*Cullmann*)[59].

Jesus war mehr als bloß ein Mensch. Trotz seiner berechtigten Anliegen zielt das humanistische Jesusbild zu kurz, wenn man es am Neuen Testament mißt.

2. War der Tod Jesu jähes Geschick oder Ziel und Sinn seines Lebens? War er der Tod eines Märtyrers oder ein Sühneopfer für die Sünden der Welt? Wurde durch ihn Gott versöhnt oder der Mensch?

Es gibt wohl kaum etwas, was von der Christenheit so verfälscht wurde wie das Kreuz ihres Herrn. Was wurde nicht alles aus diesem grauenhaften Verbrechertod am Kreuz gemacht? Ein Religionsstifteremblem, ein Schmücke-dein-Heim, ein an Goldkettchen baumelnder Zierat, ein Symbol für Kriegsverdienste, für Beerdigungsunternehmer, für den Tod und für alles mögliche andere. Zu was allem wurde nicht dieser Schandgalgen verkleinert, verniedlicht, stilisiert, verbiedert, verbürgerlicht, verharmlost. Das Schreckliche wurde zum Altvertrauten. Was hat der sentimental-wehleidige Kitsch-Christus, wie er uns immer noch in unzähligen Schlaf- und Wohnzimmern anlächelt, mit dem Gekreuzigten von Golgatha zu tun? Was das blumenumrankte Christusidyll in manch lauschigem Herrgottswinkel, als wäre er ein

56. O. Cullmann: Die Christologie des Neuen Testaments, 2. Aufl. 1958, S. 282.
57. Ebd. S. 284.
58. Ebd. S. 288.
59. Ebd. S. 300.

Verklärer von Kleinbürgerfreuden und ein Aufheller grauer Stunden.

Was hat der herkuleische Kraftprotz auf anderen Bildern mit ihm zu schaffen, der in seiner Verzweiflung das »Mein Gott, warum hast du mich verlassen?« hinausgeschrien hat? Was das Scheinleiden des gleichmütigen Stoikers* auf wieder anderen Kreuzigungsdarstellungen, wo er wie ein gelassener Zuschauer seiner eigenen Vernichtung erscheint – so als wollte er sagen: Es war alles nur halb so schlimm.

Sein Tod hatte nichts Hohes, Hehres und Erhabenes an sich. »Er war ein einziges, schreiendes Entsetzen, über das man raschestens eine Hülle werfen sollte« (*J. Dobraczynski*)[60].

Wir wollen nicht von der fatalsten Verfälschung des Kreuzes zum Ab- und Feldzeichen in Glaubenskriegen (Kreuzzüge!) sprechen. Der französische Schriftsteller *André Gide* sagt nicht zu Unrecht, daß die Christen das »Kruzifix« immer wieder zum »Totschläger« umfunktioniert haben. Das Kruzifix wurde sozusagen »umgedreht« und zum Schwert gemacht.

Bedeutung und Sinn des Kreuzes

Wenn der Kreuzestod dies alles nicht bedeutet, was bedeutet er dann? Obschon Jesus sich gegen seinen Tod zunächst gesträubt hat (Matthäus 26, 39), hat er ihn doch nicht als jähes Schicksal empfunden, sondern als Sinn und Ziel seines Lebens bejaht. Er hat ihn nicht passiv über sich ergehen lassen, sondern aktiv durchlitten. Er ging bewußt in den Tod, wie die drei Leidensweissagungen Jesu (Markus 8, 31; 9, 31; 10, 33 f.), die in ihrem Kernbestand vom historischen Jesus stammen[61], aber auch andere Leidensankündigungen zeigen (Matthäus 23, 37–39; Markus 10, 45).

Was war also der Sinn seines Todes? Nach einem in seiner Substanz »echten« Jesuswort deutete Jesus seinen nahenden Tod als »Lösegeld für viele« (Markus 10, 45b). Lösegeld bedeutet soviel wie »Ersatzleistung, Sühnegabe«[62] (*Joachim Jeremias*). Auch im übrigen Neuen Testament gilt der Tod Jesu als Sühneopfer, das er für die Sünden der Menschen

* Anhänger der Stoa, ein leidenschaftsloser Mensch.

60. Polnischer Schriftsteller. In seinem Jesusroman »Gib mir deine Sorgen«, 1962, S. 344.
61. J. Jeremias: Neutest. Theologie I, S. 267 f.
62. Ebd. S. 277 ff.

Gott darbringt (Römer 3, 25; 5, 8ff.; Galater 3, 13; 1. Johannes 2, 2; Hebräerbrief!). Stellvertretend nimmt er die Strafe, die die Menschen für ihre Sünden verdient haben, auf sich. Sein Tod ist nicht nur der Tod eines Märtyrers, der für seine Überzeugung stirbt, er ist auch nicht der Verzweiflungsakt eines Gescheiterten, er ist *stellvertretendes Sühneopfer.* Nach einer Darstellung in einer süddeutschen Kirche stellt er sich vor die Menschen hin und fängt den Schwertschlag des göttlichen Zorns auf, der den Menschen gilt.

Das Sühneopfer Christi im Widerstreit der Meinungen

Gegen diese Deutung des Kreuzestodes Christi als Sühneopfer wurde immer wieder Kritik angemeldet (Jaspers, Camus), auch theologischerseits. Viele Theologen meinen, Gott sei kein blutrünstiger Moloch, der nur vergibt, wenn er Blut sieht. Gottes Zorn müsse nicht besänftigt werden, da er nicht der Zornige, sondern der Liebende sei. Es ist unnötig, Gott zu versöhnen, weil er die Versöhnung in Person sei. Nicht Gott muß versöhnt werden, sondern der Mensch. Theologen dieser Richtung reden statt vom besänftigten Gott vom sanften Gott.

Andere halten dem entgegen: Gewiß ist die Liebe das Wesen Gottes. Aber sie leuchtet erst auf dem dunklen Hintergrund des Zornes Gottes. Wie die Kinder die Liebe der Eltern nicht ernst nehmen, wenn sie nicht streng sind, so verliert auch die göttliche Vergebung ihren letzten Ernst, wenn ihr nicht das Gerichtsurteil vorausgehe. Gnade ist immer Gnade durchs Gericht hindurch, nicht billige Schleuderware. Eine Gnade, die nicht durchs Gericht hindurch ergeht, die nicht *den* aufrichtet, der vom Zorn Gottes vorher hingerichtet wurde, ist etwas Unernsthaftes. Versöhnung ist so nie ohne Versühnung. Da aber die Sünden der Menschen zu groß sind, als daß sie selber für sie sühnen könnten, hat Jesus stellvertretend für sie ihre Sünden gesühnt, um sie mit Gott zu versöhnen.

Nach dem Neuen Testament ist Gott kein grausamer Moloch, der nur vergibt, wenn er Blut sieht, sondern sein Wesen ist einzig die Liebe (1. Johannesbrief 4, 8). Gott ist nicht Zuschauer der Kreuzestat, der abwartet, bis dieses Menschenopfer zu Ende gelitten ist, um *daraufhin* erst die Menschheit zu lieben. Nein, das Kreuz führt nicht *erst zu* seiner Liebe *hin*, sondern es kommt schon *aus* seiner Liebe (Römer 5, 8f.). Die Versühnung, die zur Versöhnung mit dem Menschen führt, kommt aus Gottes geheimem Versöhnungswillen. Hinter dem Schleier seines Zornes verbirgt sich seine Liebe. Im Grunde

stirbt Gott selbst am Kreuz – in seinem Sohn. Von einer abwartenden Zuschauerhaltung kann also nicht die Rede sein. Jesus war kein »Zahlmeister«, der dem göttlichen »Gläubiger« mit seinem Blut bezahlt, wie *Ernst Bloch* meint. *Gott bezahlt selbst.*
Aber hätte Gott die Erlösung nicht auf mühelosere Weise bewerkstelligen können, etwa durch ein bloßes Wort der Vergebung? Gott hat sich die Erlösung etwas kosten lassen, weil ihm die Menschen zuviel wert sind. Sie ist nicht billige, sondern teure Gnade.
Wird aber dem Menschen durch diesen Generalpardon am Kreuz (Camus!) nicht die Verantwortung für sein Tun abgenommen? Nein. Denn dieser Sühnetod Christi wird nicht jedem automatisch zugewendet nach Art einer Weißwäscherei; er nützt nur dem etwas, der glaubt; der glaubt, daß Jesus stellvertretend für ihn den Verbrechertod auf sich genommen hat, den er für seine Sünden verdient hat.

3. War Jesus ein maßgeblicher Mensch unter anderen, oder war er einzigartig und einmalig? War er Religionsstifter oder Erlöser?

War Jesus Gottmensch oder der *menschlichste Mensch*, wie viele Humanisten annehmen? Wenn mit Gottmensch ein Zwitterwesen zwischen Gott und Mensch gemeint ist, war Jesus kein Gottmensch. Er war kein gottmenschliches Mischwesen, das weder richtiger Gott noch richtiger Mensch ist, sondern er war, wie die christliche Tradition sagt, wahrer Gott und wahrer Mensch zugleich, eben der menschgewordene Gott.
Also war er doch nicht der menschlichste Mensch? Ganz im Gegenteil! Gott wurde ja deswegen Mensch, um uns Menschen von Mensch zu Mensch begegnen zu können. Gott wurde ja deswegen Mensch, damit der Mensch wieder Mensch wird. Die Menschwerdung Gottes zielt nach dem Neuen Testament auf die Menschwerdung des Menschen. Die Menschlichkeit, der Humanismus ist Ziel und Sinn des Werkes Jesu.
Jesus, der einzige Erlöser
Das Neue Testament ist nun allerdings der Meinung, daß nur *Jesus* den Menschen wieder zum Menschen machen kann, nicht auch noch andere, wie etwa Sokrates, Buddha und Kon-

fuzius, daß Jesus der einzige Erlöser ist, auch für Sokrates, Buddha und Konfuzius wie für alle Menschen. Jesus ist nach dem Neuen Testament nicht Religionsstifter, auch nicht nur der menschlichste Mensch, sondern der *einzige Heilbringer*, nicht nur ein maßgebender Mensch unter anderen, sondern der, der das *Maß setzt für alle anderen* und maßgeblich ist für jeden Menschen. Dieser Absolutheitsanspruch Jesu, der einzige Erlöser zu sein, wird im Neuen Testament ungezählte Male ausgesprochen. Wir bringen ein paar Beispiele:

- »Wer an ihn (an Jesus) glaubt, wird nicht gerichtet, wer nicht glaubt, ist schon gerichtet, weil er an den Namen des einzigen Sohnes Gottes nicht geglaubt hat« (Johannes 3, 18)
- »Ich bin der Weg und die Wahrheit und das Leben; niemand kommt zum Vater außer durch mich« (Jesus von sich nach Johannes 14, 6)
- »Es ist in keinem anderen Heil« (Petrus von Jesus vor dem Hohen Rat, Apostelgeschichte 4, 12)
- »Einen anderen (Heils)Grund kann niemand legen als den, der gelegt ist, welcher Jesus Christus ist« (Paulus, 1. Korinther 3, 11).

Diese Einzigartigkeit Christi wird vom Humanismus als intolerant empfunden. Warum ist gerade er der einzige Erlöser? Doch was heißt überhaupt Erlösung im Neuen Testament? Erlösung heißt soviel wie *Befreiung*, *Loskauf* eines *Gefangenen* oder *Sklaven*. Gemeint ist die Erlösung von der Sünde, die im Neuen Testament als etwas Unfreimachendes, als Sklaverei (Römer 6, 16; Johannes 8, 34) begriffen wird. Bereits oben in 1 kamen wir darauf zu sprechen, daß der Mensch sich nicht selber aus dem Gefängnis der Schuld befreien kann, daß dieses Gefängnis nur von außen aufgebrochen werden kann, daß der Mensch sich nicht selber erlösen kann, sondern daß nur *Gott* dies kann. Die Frage, warum gerade Jesus der Erlöser ist, kann daher nur so beantwortet werden: Jesus ist nach dem Neuen Testament deshalb der einzige Erlöser, weil in ihm *Gott selber* am Werk ist. Das Neue Testament geht dabei von der Menschheitserfahrung aus, die die heutige Psychologie bestätigt: Der Mensch kann vieles, aber er kann sich nicht selbst dem Schraubstock des Bösen entwinden. Er kann sich von Krankheit und Not befreien, aber er kann sich nicht von seiner Schuld befreien, er kann sich nicht von den Schatten der Vergangenheit, die ihn auf Schritt und Tritt verfolgen,

befreien. Der moderne Mensch hat sich ein Sicherungssystem aufgebaut, mit dem er sich vor Unglück und Not schützt, vom Blitzableiter bis hin zur Krankenversicherung, Schutzimpfung und Pensionsanspruch. Er kann sich von vielem aus eigener Kraft erlösen, aber nicht vom Bösen. Die Eskalation des Bösen in unserer Zeit beweist das zur Genüge. Man denke an Auschwitz und Hiroshima!
Der Mensch wird aber erst Mensch, wenn er diese letzte Freiheit, die Freiheit vom Bösen, erlangt. Der Satz des Existentialisten *J. P. Sartre* kann vom Neuen Testament nur unterschrieben werden: *»Der Mensch ist Freiheit«*.

C. KONKRETION

Das folgende Gedicht[63] des französischen Schriftstellers *Jean Anouilh* bringt eine ungewöhnliche Neufassung der Weihnachtsgeschichte: Das Jesuskind ist aus der Krippe von Bethlehem verschwunden und wird überall gesucht. Das Gedicht macht klar, daß Jesus kein fernes Märchen ist, sondern uns hier und heute begegnet, daß er nicht nur ein Mensch ist, der irgendwann einmal vor 2000 Jahren gelebt hat, sondern unser Befreier.

Das Lied vom verlorenen Jesuskind
»Jesuskind, wo bist du? Du bist nicht mehr zu sehn.
Leer ist deine Krippe, wo Ochs und Esel stehn ...
Ich seh Maria, die Mutter, und Joseph Hand in Hand,
ich seh die schönen Fürsten vom fernen Morgenland.
Doch *dich* kann ich nicht finden:
Wo bist du, Jesuskind?«
»Ich bin im Herzen der Armen, die ganz vergessen sind!«

»Maria, voller Sorgen, sie sucht dich überall,
draußen bei den Hirten, in jeder Eck im Stall.
Im Hof ruft Vater Joseph und schaut ins Regenfaß.
Sogar der Mohrenkönig, er wird vor Schrecken blaß.
Alles sucht und ruft dich:

63. Aus dem Drama »Der Herr Ornifle«.

»Wo bist du, Jesuskind?«
»Ich bin im Herzen der Kranken, die arm und einsam sind.«

»Die Könige sind gegangen, die sind schon klein und fern;
die Hirten auf dem Felde, sie sehn nicht mehr den Stern.
Die Nacht wird kalt und finster – erloschen ist das Licht.
Die armen Menschen seufzen: Nein, nein, das war Er nicht!
Doch rufen sie noch immer:
Wo bist du, Jesuskind?«
»Ich bin im Herzen der Heiden, die ohne Hoffnung sind!«

Fragen zum weiteren Nachdenken

1. Wo suchen wir Jesus? In der Krippe von Bethlehem? In dem Kranken und Einsamen von nebenan? Im Gottesdienst?

2. Ist Bethlehem für uns ein ferngerücktes Märchen aus der seligen Kinderzeit, das unser Leben nicht mehr umzuwandeln vermag, also etwas, das rührt, aber nicht aufrührt? Oder ist das Kind von Bethlehem für uns heute richtungweisend? Und wenn ja, wo gibt es die Richtung an?

3. Ist das Kreuz von Golgatha eine Relique, die wir unter einem Glassturz museal aufbewahren, oder hebt es die Welt aus den Angeln?

4. So kann man es in vielen Predigten hören: Da er am Kreuz für uns genuggetan hat, können wir nicht genug für die anderen tun. Unsere Hände und Füße sind seine Hände und Füße. Wenn wir nicht hingehen mit unseren Füßen und zugreifen mit unseren Händen, hat Jesus abgeschnittene Hände und Füße. Sind das erbauliche Phrasen? Leitsätze? Wo können sie unser Leben umorientieren?

5. Die Theologen meinen: Jesus gehört nicht der Vergangenheit an, sondern er befreit uns von unserer Vergangenheit. Er ist unsere Gegenwart. Wieder andere sagen: Er befreit uns von der Zukunft, wieder andere: er *ist* unsere Zukunft. Wer ist er für uns?

Dritter Abschnitt

JESUS, EIN SOZIALREVOLUTIONÄR?
Das marxistische Jesusbild

EINSTIEG

Himmelfahrts-Song[64]
Die Bibel sagt: vor langer Zeit flog Gottes eigner Sohn
bei Tagesanbruch himmelwärts zu seines Vaters Thron.
Seit diesem Tag erwartet man den Gottessohn zurück;
doch wartet man noch heut darauf und hat damit kein Glück.
Mancher sucht ein Paradies im Himmel, weil er dabei ganz vergißt,
daß ein Paradies auf Erden besser für die Menschen ist.
Tass meldet: Heut zum erstenmal flog eines Menschen Sohn
bei Tagesanbruch himmelwärts aus der Sowjetunion.
Zum zweiten Frühstück meldet Tass: Gagarin ist zurück
von seiner ersten Himmelfahrt und wünscht uns allen Glück.
Denn er sucht kein Paradies im Himmel, weil er dabei nie vergißt,
daß ein Paradies auf Erden besser für die Menschen ist.

Dieser DDR-Himmelfahrtssong, der den ersten sowjetischen Kosmonauten Gagarin als Anti-Jesus besingt, ist bezeichnend für das herkömmliche Jesusbild des Marxismus. Ganz anders das Jesusbild des neueren Marxismus, der im Begriff ist, Jesus als Leitbild zurückzugewinnen. Man kann geradezu von einer »Jesuswelle« im modernen Marxismus sprechen (E. Bloch, V. Gardarvský, R. Garaudy, M. Machoveč, L. Kolakowski, der Jesusfilm »Das erste Evangelium« von P. P. Pasolini usw.).
Dieser Jesusboom darf allerdings nicht darüber hinwegtäuschen, daß der doktrinäre Staatsmarxismus nach wie vor Christus reserviert, ja z. T. ablehnend gegenübersteht.
Wir greifen aus dem neueren Marxismus Ernst Bloch und Milan Machoveč heraus.

64. Deutschlandsender 14. 8. 1962.

A. INFORMATION

1. Ernst Bloch: Jesus, ein Rebell der Liebe

Der Philosoph Ernst Bloch (1885–1977) hat sich in seinen beiden Werken »Das Prinzip Hoffnung« und »Atheismus im Christentum« eingehend mit der Gestalt Christi befaßt. Bloch bekennt sich zum Marxismus.

Marxismus?

Was heißt überhaupt Marxismus? Nach der marxistischen Philosophie ist der Mensch durchs Privateigentum sich selber fremd, sich selber »entfremdet« worden. Nur wenn die Wurzel der Selbstentfremdung des Menschen, das Privateigentum, beseitigt wird, wird seine Selbstentfremdung aufgehoben und er wird wieder mit sich selber eins, er wird wieder Mensch. Aber auch andere mit dem Kapitalismus verfilzte Fremdmächte, die den Menschen versklaven und entfremden, wie der Untertanenstaat, die Klassengesellschaft und die Religion, müssen beseitigt werden, damit der Mensch wieder Mensch wird. In Gott sieht man so etwas wie einen himmlischen Kapitalisten. Er ist die Spitze der Gesellschaftspyramide, in der die einen oben und die anderen unten sind und in der die oben auf die unten drücken. Gott sanktioniert diese Unter- und Überordnungspyramide, in der es nur Sklaven und Herren gibt. Religion ist entsprechend für Bloch nur ein an den Himmel geworfenes »Spiegelbild« des Untertanenstaates, das mit diesem verschwinden wird. »Wo keine irdischen Throne« sind, »fehlt auch einem himmlischen Thron die gesellschaftliche Basis«. Diese »aber machte dem gewohnten Untertan ... ihr himmlisches Spiegelbild glaubhaft«. Wer es gelernt hat, vor irdischen Tyrannen zu kuschen, dem fällt es nicht schwer, sich dem himmlischen Tyrannen ebenso zu unterwerfen und umgekehrt[65]. Gott ist für Bloch (wie für den Marxismus) eine Illusion, ein Rauschgift, ein Opium. Welchen Stellenwert hat Jesus in Blochs System? Was wollte Jesus? Wer war er?

Jesus ist geschichtsecht, keine Erfindung

Man hat versucht, »Jesus in lauter Legende aufzulösen«. Aber »der Stall ist wahr, eine so geringe Herkunft« des Religions-»Stifters wird nicht erfunden. Sage macht keine Elendsmalerei und sicher keine, die sich durch ein ganzes Leben fortsetzt.

65. E. Bloch: Atheismus im Christentum, 1968, S. 17f.

Der Stall, der Zimmermannssohn ... der Galgen am Ende, das ist aus geschichtlichem Stoff, nicht aus dem goldenen, den die Sage liebt«[66]. Aber auch manch anderes ist geschichtsecht, weil es nicht in den Erwartungsrahmen des Erlösers und Religionsstifters paßt, wie etwa Jesu »Schüchternheit«, wie sie in seinem Verbot, darüber zu reden, wer er sei, zum Ausdruck kommt (Markus 8, 30)[67]. Seine Schüchternheit hatte freilich nichts mit Leisetreterei zu tun. Jesus war ein Rebell. Er war nicht »so gemildert« und »so unbegrenzt duldsam«, wie »die sanften Heinriche meinen«, sondern ein zorniger Mensch, der den Wechslern die Tische umwarf[68]. Er tat das alles freilich aus Liebe. Er war ein »Rebell der Liebe«[69].

Sein Zug nach unten

»Ein Mensch wirkte hier als schlechthin gut, das kam noch nicht vor. Mit einem *Zug nach unten*, zu den Armen und Verachteten«. Liebe ist für Jesus nicht Sympathie für das »Schöne, Glänzende«, sondern »Hinneigung« zum »Unscheinbaren«. Gerade das in der Welt Unscheinbare ist für Jesus das Wichtige wie das Senfkorngleichnis erweist (Matthäus 13, 31 f.). Das hilflose Kind in der Krippe zeigt: »Die christliche Liebe« »sieht das Hilflose als bedeutend, das von der Welt Weggeworfene als berufen« an. Jesu Liebe zu den »Letzten, die die Ersten sein werden« (Markus 10, 31) stellt die »Herrenmacht« der Welt mit ihren »gestaffelten Hierarchien« in Frage[70].

Das Reich Gottes als Weltrevolution

Das Reich, das Christus verkündet, ist kein Jenseits, auf das man die Menschen vertröstet, sondern ein diesseitiges Reich der Liebe[71]. Dieses Reich ist auch keine innerliche Größe, sondern eine Weltrevolution. Dabei hatte Jesus eine Revolution der *ganzen Welt* im Auge, nicht nur eine kleinkarierte jüdische »Nationalrevolution«. Es geht um den »Zusammenbruch der Welt insgesamt«, um die Zerstörung der bestehenden »Herrenmacht«[72]. Kein »inwendiges«, ein »auswendiges«

66. E. Bloch: Das Prinzip Hoffnung III, S. 1482.
67. E. Bloch: ebd. S. 1486.
68. E. Bloch: Atheismus im Christentum, S. 170.
69. E. Bloch: Das Prinzip Hoffnung III, S. 1490.
70. E. Bloch: ebd. S. 1487 ff.
71. E. Bloch: ebd. II, 1967, S. 579 ff.
72. E. Bloch: ebd. III, S. 1490.

Reich wollte Jesus errichten. Er war kein bläßlicher »Himmelskönig«, sondern ein Kämpfer, der sein »Reich« mit »Feuer« (Lukas 12, 49) und »Schwert« (Matthäus 10, 34), also mit Gewalt aufrichten wollte. Seine »Botschaft an die Mühseligen und Beladenen« ist keine Vertröstung, sondern ein politisches Programm. – Sosehr »der ganze alte Äon* weg muß«, nicht »bloß die Paläste«, bekämpft Jesus doch vor allem »die Feinde der Mühseligen und Beladenen, die Reichen, die so wenig ins Himmelreich kommen wie das Kamel durchs Nadelöhr« (Matthäus 19, 24)[73].

Jesus, der Menschensohn

Jesus war nicht der »Messias oder Gottessohn im überlieferten Sinn«[74]. Da er gegen alle Herren war, hatte er kein Interesse an der »Wiederherstellung der Davidsherrlichkeit« durch einen Messias[75]. Aber auch der Titel Gottessohn stammt aus der Herrschaftswelt, die Jesus abschaffen wollte; er ist ein autoritärer Titel, ebenso wie natürlich der Titel Kyrios (= Herr). Ein anderer Titel ist ihm wie auf den Leib geschneidert: der Titel »Menschensohn«. Der Titel ist keine Gemeindebildung, sondern »ausschließlich eine Selbstbezeichnung Jesu«. Was bedeutet der Titel? »Menschensohn« meint den paradiesischen Urmenschen, den Menschen also, wie er sein soll, den freien Menschen. Der Titel hat aber nicht nur vorzeitliche, sondern auch endzeitliche Bedeutung: Der Urmensch, der Mensch, wie er sein soll, wird kommen und ist in Jesus gekommen. Der Menschensohn ist der Mensch, der sich selber nicht mehr entfremdet ist, der mit sich eins ist. Dabei repräsentiert Jesus die ganze Menschheit. Der Menschensohn ist jeder Mensch, der wieder Mensch wird.

Jesus, ein Atheist

Als Menschensohn, als herrschaftsfreier Mensch, ist Jesus Atheist. Jesus ist der Mensch, der den autoritären Himmelsgott entthront und sich an die Stelle Gottes setzt. Die Wiederkunft des Menschensohns Christus ist die Heraufkunft des neuen Menschen, der sich von Gott und allen anderen Herren befreit hat. Der Menschensohn und Mensch ersetzt den Her-

* Äon = Zeitraum.

73. E. Bloch, ebd. II, S. 579; Atheismus im Christentum, S. 170–175.
74. E. Bloch: Das Prinzip Hoffnung III, S. 1491.
75. Ebd. S. 1490.

rengott. Erst in der griechischen (hellenistischen) Gemeinde wurde Jesus zum Sohn dieses Herrengottes hochgejubelt. Dem armen Menschensohn, der nicht wußte, wo er sein Haupt hinlegen soll (Matthäus 8, 20), wurde die »dynastische« Bezeichnung »Gottessohn« zugelegt. Nicht genug damit. Durch das hellenistische Christentum bekam er außerdem den obrigkeitlichen und militärischen Kyriostitel.
Jesus war kein »harmloser Schwärmer«, sondern ein »Empörer«, ein »Umwerter der vorhandenen Welt, das große Exemplar einer anderen ohne Unterdrückung und Herrengott«. Dieser arme Menschensohn war ganz solidarisch mit den »Armen«, »nicht ein Herr, dem sie mißtraut hätten«[76].
(Zu dem Sinn des Titels Messias siehe 1. Abschn. B 4, zu der Bedeutung der Titel Kyrios (= Herr) und Gottessohn siehe 2. Abschn. B 1.)

2. Milan Machoveč: Jesus, ein sozialer Brandstifter

Der tschechische Marxist und Philosoph *M. Machoveč* (geb. 1925) hat sich vor allem um den Dialog zwischen Christentum und Marxismus bemüht. Aus ihm erwuchs sein Buch »Jesus für Atheisten«, dessen Inhalt wir hier kurz skizzieren wollen. Auch er geht als Marxist vom »Menschen« als dem »Gegenideal zu Gott« aus[77]. Seiner Meinung nach hat sich das marxistische Jesusverständnis grundlegend gewandelt. Jesus habe im heutigen Marxismus eine ganz neue Aktualität erlangt, während man sich für ihn im früheren Marxismus nicht ernsthaft interessierte, sosehr man ihn »für eine edle und sympathische Person« hielt – nach dem Motto »reiner Träumer am Anfang – dicke Pfarrer heute«[78].

Identisch mit seinem Programm

Aktuell ist heute Jesus vor allem deshalb, weil er ein Mensch ist, der lebt, was er lehrt. Ein »Gedanke wirkt nur, wenn der Verkünder des Gedankens selbst Vorbild seiner Verwirklichung ist. Die Lehre Jesu ... setzte die Welt in Brand nicht wegen irgendeiner offenkundigen Überlegenheit des theoretischen Programms, sondern vor allem, weil *er selbst* iden-

76. E. Bloch: Atheismus im Christentum, S. 182ff., 207–218.
77. M. Machoveč: Jesus für Atheisten, 2. Aufl. 1973, S. 5.
78. Ebd. S. 20.

tisch mit diesem Programm war, weil er selbst mitreißend wirkte«[79].

Das Reich Gottes als Gegenwarts-Aufgabe

Mitreißend war vor allem Jesu »Zentralbegriff«, das »Königreich Gottes«[80]. Das Reich Gottes ist für ihn kein phantastisch ausgemaltes Zukunftsgemälde, das die harte Wirklichkeit vergessen läßt, sondern es ist »deine Sache, hier und jetzt«. Die Zukunft des Königreichs Gottes ist Gegenwart, und zwar dadurch, daß er sagt: »Ändert euch! Kehrt um!« (Matthäus 4, 17). Jesus hat so »die Zukunft von den himmlischen Wolken heruntergeholt und sie zur Angelegenheit der täglichen Gegenwart gemacht«. »Die Zukunft ist nicht etwas, das ›kommt‹ – irgendwoher aus der Fremde, unabhängig von uns, wie etwa atmosphärische Änderungen kommen –, sondern die Zukunft ist unsere Sache, und zwar in jedem Augenblick, sie ist der Anspruch der Gegenwart«. Sie ist der Anspruch, »Menschlichkeit« zu üben, der uns auf Schritt und Tritt begegnet. Gegen eine Zukunft, die ein Wunschtraum ist, in den man aus der »Not der Realität« flüchten kann, setzt Jesus eine Zukunft, die die Gegenwart vermenschlicht. Das Reich Jesu ist nicht »opiumartige Entrückung des Menschen aus der Realität, sondern im Gegenteil Hinführung des Menschen zu sich selbst«.

Jesus, der Anwalt der Armen

»Als Verkünder der Umwandlung der Gegenwart ins Königreich Gottes eröffnet er es vor allem den Armen und Leidenden:

– Selig seid ihr Armen, denn ihr habt Schutz unter der Herrschaft Gottes.

– Selig seid ihr, die ihr jetzt Hunger habt, denn ihr werdet satt werden.

– Selig seid ihr, die ihr jetzt weint, denn ihr werdet lachen« (Lukas 6, 20–21)!

Nicht genug damit, daß Jesus den Leidenden hilft, er »identifiziert sich« »mit jedem leidenden Wesen«: »Was ihr einem unter meinen geringsten Brüdern getan habt, das habt ihr mir getan« (Matthäus 25, 40). Die Botschaft Jesu hat dadurch einen »revolutionär-aufrüttelnden Charakter«, daß sie sich gerade nicht an die sogenannten »Frommen« und an die »mit

79. Ebd. S. 93.
80. Ebd. S. 96.

dem Gegebenen Zufriedenen, sondern an die Enterbten dieser Welt« wendet[81]. Die »Sehnsucht nach Erlösung und nach radikaler Änderung« »der Welt ist« aber heute aus dem Christentum in den Marxismus ausgewandert[82].

B. PROBLEMSKIZZE

1. War Jesus ein Sozialrevolutionär oder ein stiller Dulder? Wollte er die damalige Gesellschaftsordnung umstürzen, wollte er sie zementieren oder war sie ihm gleichgültig, weil der Glaube Herzenssache ist? Ging es ihm um die politische Freiheit oder um die Freiheit von der Sünde?

Der Dichter *Ernst Toller* meinte, Jesus sei heute der »Familiengott der Reichen geworden«[83]. Wollte er das sein?

Jesu Nein und Ja zu den Reichen

Nach dem Neuen Testament scheint Jesus eher ein Gegner der Reichen gewesen zu sein. Seine Worte über die Reichen und den Reichtum klingen heute noch revolutionär, sosehr sich zweitausendjährige Auslegung bemüht hat, sie abzumildern und zu entschärfen. Wir bringen einige Beispiele aus ihnen:

- »Niemand kann zwei Herren dienen; denn entweder wird er den einen hassen und den anderen lieben, oder er wird dem einen anhangen und den anderen verachten. Ihr könnt nicht Gott dienen und dem Mammon« (Matthäus 6, 24 und Lukas 16, 13). Mit Mammon ist nach dem ev. Neutestamentler *J. Schniewind* »das Kapital«[84] gemeint.
- »Ein Reicher wird schwerlich in das Himmelreich kommen ... Es ist leichter, daß ein Kamel durch ein Nadelöhr geht als ein Reicher ins Reich Gottes« (Matthäus 19, 23 und 24). Mit »Nadelöhr« ist wirklich gemeint, was gesagt ist, ein Nadel-

81. Ebd. S. 99–103, 112–114, 125–126.
82. Ebd. S. 253.
83. E. Toller: Prosa, Briefe, Drama, Gedichte, 1961, S. 275.
84. J. Schniewind: Das Evangelium des Matthäus, 8. Aufl. 1956, S. 92, zum Problem der Christ und das Geld vgl. W. Böhme: Das Kamel und das Nadelöhr, 1964.

loch. Dieses Nadelöhr wurde in der christlichen Auslegungsgeschichte oft »erweitert«.

- »Wehe euch, ihr Reichen; denn ihr habt euren Trost dahin« (Lukas 6, 24).
- »Selig seid ihr Armen; denn euch gehört das Reich Gottes« (Lukas 6, 20). »Arm« ist hier wörtlich gemeint, nicht geistig oder geistlich wie bei Matthäus (5, 3), ebenso oben »reich«.

Man könnte hier noch Jesu Wort an seine Jünger anführen: »Verkaufet euren Besitz und gebt ihn als Almosen; machet euch Beutel, die sich nicht abnützen, einen unerschöpflichen Schatz in den Himmeln!« (Lukas 12, 33). Ähnlich Jesu Aufforderung an den reichen Jüngling, alles zu verkaufen und ihm nachzufolgen (Markus 10, 21), sowie das Gleichnis vom Kornbauern (»So ergeht es dem, der für sich Schätze sammelt und nicht reich ist vor Gott« Lukas 12, 21). Die Gütergemeinschaft der Urgemeinde, von der die Apostelgeschichte des Lukas berichtet (2, 44 f.; 4, 32–37) liegt ganz auf dieser Linie.

Das Verhalten Jesu gegenüber den Reichen war aber keineswegs eindeutig. So hatte er andererseits nichts dagegen, daß ihn begüterte Frauen aus seinem Jüngerkreis unterstützten (Lukas 8, 2–3) und daß sein Jünger Petrus ein Haus besaß (Matthäus 8, 14). Derselbe Jesus, der seine Jünger ermahnte, ihren Besitz den Armen zu geben, läßt sich von einer Frau mit kostbarem Nardenöl im Werte von mehreren hundert Mark das Haupt salben (Markus 14, 3–9). Derselbe Jesus, der vom reichen Jüngling fordert, daß er alles verkauft, verlangt das vom korrupten Oberzöllner Zachäus, bei dem so eine Forderung viel angebrachter gewesen wäre, keineswegs (Lukas 19, 8–10). Trotz seiner Parteinahme für die Armen war Jesus ein »Freund der Zöllner«* (Matthäus 11, 19), also von Ausbeutern und Kapitalisten übelster Sorte. Das war er freilich nicht, um ihr Komplize zu werden, sondern weil er mit ihnen Erbarmen hatte wie mit allen gesellschaftlich Verfemten.

Nicht in erster Linie Sozialrevolutionär

War Jesus also doch kein Sozialrevolutionär? Aber vielleicht besteht seine Sozialrevolution gerade darin, daß er Partei ergriffen hat für alle gesellschaftlich Geächteten.

Der Begriff »Sozialrevolutionär« zeigt wie andere, Jesus ist nicht auf einen Begriff und in den Griff zu bekommen. Kein Begriff holt ihn ein. Er entzieht sich allen Klassifizierungen,

* Zollpächter.

auch der Klassifikation »Sozialrevolutionär«, »frommer Jude« oder »großer Mensch« (1. u. 2. Abschnitt). Sicher war Jesus ein Sozialrevolutionär, aber *nicht nur* und nicht in *erster Linie*. Genauso wie Jesus *auch* ein frommer Jude war, aber *nicht nur*, genauso wie er *auch* ein edler Mensch war, aber eben *nicht nur*.

Was war Jesus in erster Linie? Wir antworteten im 2. Abschnitt B 3: *Erlöser von der Sünde*. Jesus umschreibt selber seine Aufgabe so: »Nicht die Starken bedürfen des Arztes, sondern die Kranken. Ich bin nicht gekommen, Gerechte zu rufen, sondern Sünder« (Markus 2, 17).

Die zwei Freiheiten seiner Revolution

Doch dieses Wort Markus 2,17 sagte Jesus im Anschluß an die höchst anstößige Berufung eines Zöllners zu seinem Jünger (Markus 2, 13–16). Die Freiheit von der Sünde und die Freiheit von sozialer Ächtung *hängen* also *ursächlich zusammen*. Freiheit von der *Sünde* führt zur *sozialen* Freiheit, Freiheit von der *Sünde* ist immer zugleich auch Freiheit von der *Welt*. Die *innere* Freiheit hat die *äußere* Freiheit zur Folge. Die Sündenvergebung eines sozial Geächteten hat gesellschaftliche Konsequenzen, sie ist somit von »politischer« Tragweite. (Lukas 4, 18f.)

Es war in der Tat eine Revolution, eine »Umwälzung«, wenn Jesus die auf der Ungleichheit basierende patriarchalische Gesellschaftsordnung seiner Zeit kurzerhand außer Kraft setzt und sagt: Keiner soll sich »Lehrer« und »Vater« »nennen lassen«, denn es gibt nur *»einen* Lehrer« und *»einen* Vater«, »Ihr alle aber seid Brüder«. »Der größte unter euch soll euer Diener sein« (Matthäus 23, 8–11). Keiner hat ein Recht, sich über den anderen zu erheben: »Wer sich selbst erhöht, wird erniedrigt werden« (Matthäus 23, 12). Ähnlich Paulus, wenn er betont, unter dem *einen* Herrn (1. Korinther 8, 6f., 12, 5) sind alle gleich. Christus hat nach Paulus alle Unterschiede zwischen den Menschen aufgehoben: »Da ist nicht Jude noch Grieche, nicht Sklave noch Freier, nicht Mann noch Frau, denn alle seid ihr Einer in Christus Jesus« (Galater 3, 28). Wer von Christus befreit ist, kann sich nach Paulus nicht mehr von Menschen verknechten lassen: »Ihr seid teuer erkauft worden, werdet nicht der Menschen Knechte!« (1. Korinther 7, 23). Auch für Paulus erwächst aus der Freiheit von der *Sünde* die *gesellschaftliche* Freiheit, weil die gesellschaftliche Unfreiheit in der Sünde wurzelt.

Jesus, ein Sozialrevolutionär wie Marx und Lenin?

War Jesus also Sozialrevolutionär wie Marx und Lenin? Der Hauptunterschied der Sozialrevolution Jesu zu der des Kommunismus ist der, daß sie *gewaltlos* vor sich geht. Die alte Gesellschaftspyramide sollte nicht mit Gewalt zerschlagen, sondern von innen her überwunden werden. Das *Mittel* ist die *grenzenlose Liebe* (1. Abschn. B 1), die Liebe, die ohne Grenze ist und jeden liebt, die Liebe, die also keine gesellschaftliche Gruppe ausschließt, die Liebe, die selbst Ausbeuter mit einbezieht. Nicht die Gewalt, die Liebe ist die Waffe dieser Revolution. Diese Liebe schließt den *Klassenkampf*, der vom Haß angeheizt wird, genauso aus wie eine *Klassengesellschaft*, die die Menschen unterdrückt und ausbeutet. Außerdem hat der Klassenkampf, der die Klassengesellschaft beseitigen wollte, diese bisher häufig nur umgestülpt und an die Stelle des alten ein neues Unterdrückungssystem gesetzt, nur daß jetzt Unten und Oben umgedreht wurde. An die Stelle alter Entfremdungen traten neue. Christus hat das Gesetz von Stoß und Gegenstoß, er hat das Gewaltprinzip durch das Prinzip der gewaltlosen Liebe außer Kraft gesetzt. Daher ging er ans Kreuz und widerstand der Versuchung, ein politischer Messias zu werden (1. Abschn. B 4). Als unter seinen Jüngern ein Rangstreit ausbrach, sagte er ihnen klipp und klar: »Ihr wißt, daß die, die als Fürsten der Völker gelten, sie knechten und ihre Großen über sie Gewalt üben. *Unter euch ist es aber nicht so*«. Und dann heißt es wieder: »Wer unter euch groß sein will, sei euer Diener« (Markus 10, 42f.).

Das Ende der Geldherrschaft

In der neuen herrschaftsfreien Welt Jesu kann es auch keine Geldherrschaft geben. Dabei geht es nicht darum, ob man Geld haben darf oder nicht. Der Jünger Jesu darf Geld besitzen, aber er darf sich durch das Geld nicht *beherrschen lassen* und er darf auch nicht andere durch das Geld *beherrschen*. Nein, er *dient* den anderen mit seinem Geld. Wenn Kapitalismus Geldherrschaft ist, ist er mit dem Evangelium Jesu unvereinbar.

Alles in allem: Jesus paßt nicht in das gängige Schema vom Sozialrevolutionär. Er war kein schäumender Haßprediger, kein Agitator, auch kein Partisan. Ein Jesus mit Maschinengewehr ist unvorstellbar. Er ließ nicht andere leiden, sondern litt für andere. War er kein Volkstribun, so war er doch andererseits auch kein Fürstenknecht. Ebenso wenig gehörte er zu den Stillen im Lande, die sich ängstlich aus der Politik heraushielten, und zu den politisch Harmlosen. Seine Botschaft von der grenzenlosen Liebe, die keine Unterschiede macht, war *Dynamit*. Auch in politischer Beziehung. Diese Botschaft hat nichts mit einem leisetreterischen Reformliberalismus zu tun. Sie war radikal. Hier geht es nicht nur um das flache Nächstveränderliche. Hier wird eine Welt aus den Angeln gehoben. *Walter Dirks* hat nicht Unrecht, wenn er Jesus eine *»Mutation«* nennt. Unter Mutation ist in der Biologie eine unplanmäßige Veränderung im Erbgefüge gemeint. Jesus wollte so eine unplanmäßige Veränderung im »Erbgefüge« der Menschheit und der Weltentwicklung sein.

2. Was heißt Reich Gottes? Ist es ein Seelengärtlein oder ein politisches Programm? Verändert es die Herzen oder verändert es die Welt? Ist es Gabe oder Aufgabe?

Reich Gottes heißt wörtlich übersetzt Königsherrschaft Gottes. Bereits im 1. Abschnitt B 1 kamen wir zu dem Schluß, daß das Reich Gottes für Jesus keine ferne Zukunft, sondern *Gegenwart* ist, daß es *in Jesus selber* gegenwärtig wurde. Die Urpredigt Jesu lautet: »Genaht (!) ist das Reich Gottes, ändert euren Sinn« (Markus 1, 15).

Die Königsherrschaft Gottes als Weltenwende

Was bedeutet dieser Begriff, der die »Mitte von Jesu Botschaft« darstellt (*G. Bornkamm*)[85], um die sich alles dreht, seine Gleichnisse, seine Wunder und all sein sonstiges Tun? Nach *J. Schniewind* bedeutet das Reich Gottes »den neuen Zustand aller Dinge, wo der Tod nicht mehr sein wird, noch Leid, noch Geschrei, noch Schmerz (Offenbarung 21, 4), wo die Satansherrschaft (Matthäus 12, 28) zerbrochen ist«[86]. Ähnlich *G. Bornkamm*, der das Reich Gottes als Gottes »Sieg« über die »satanischen Gewalten« umschreibt. Es ist, wie er sagt, eine »Weltenwende«[87] und keineswegs nur eine Herzenswende. Es geht nicht nur um eine *Sinnes*änderung, sondern um eine *Welt*veränderung, nicht nur der neue Zustand

85. G. Bornkamm: Jesus von Nazareth, S. 58.
86. J. Schniewind: Das Evangelium des Markus, 7. Aufl. 1956, S. 50 zu Markus 1, 15.
87. G. Bornkamm, ebd. S. 59.

der *Seele*, sondern eben der neue Zustand der *Dinge* (Schniewind), nicht nur eine Revolution der *Herzen*, sondern eine Revolution der *Strukturen* ist mit dem Reich Gottes gemeint. Wie diese Strukturveränderung aussieht, wurde bereits oben im Teil 1 erörtert.

Wichtig ist nun folgendes: Nach Jesus muß sich *erst* der *Mensch* ändern, wenn die Strukturen verändert werden sollen, nicht umgekehrt – wie im Marxismus, wo man der Ansicht ist, die Menschen werden sich erst dann ändern, wenn vorher die Strukturen anders werden. Die alte Ordnung wird nicht mit Gewalt zerschlagen, sondern von innen her überwunden, vom Herzen her, von der Liebe her (1). Die Revolution der Strukturen kommt aus der Revolution der Herzen: »Ändert euren Sinn!« (Markus 1, 15). Aber die Strukturen können nicht die alten bleiben, wenn sich die Herzen wirklich verändert haben, die Ungleichheitspyramide (1) ist unvereinbar mit der Liebe, für die jeder gleich wichtig ist.

Diese gewaltlose Liebe ist kein politisches Programm, sondern Tat. Die Kirche hat diese gewaltlose Liebe freilich oft mit Passivität verwechselt. Dadurch geriet sie nicht selten ins Schlepptau von Unterdrückungssystemen, statt sie in Frage zu stellen. Sie hat die Aufgabe der Gesellschaftskritik. Als herrschaftsfreie Bruderschaft, von der Königsherrschaft Gottes her hat sie die Pflicht, gegen alle Herrschaftssysteme, die Menschen ausbeuten und unterdrücken, zu protestieren. Wer sich der Herrschaft *Gottes* unterstellt hat, ist *frei* von aller anderen *Herrschaft*.

Die Königsherrschaft Gottes als Revolution von oben

Doch die Herzenswende, die zu dieser Weltenwende führt, kann der Mensch nicht selber herbeiführen, die Befreiung aus dem Sündenkerker kann er nicht selber leisten, wie wir oben im 2. Abschnitt B 3 feststellten. Das Reich Gottes ist nicht nur *Aufgabe* des Menschen, sondern vor allem *Gabe* Gottes, nicht nur *Anspruch* (Machoveč), sondern *Zuspruch*. Die bisherigen Sozialrevolutionen zeigen, daß der Mensch nie eine *bessere* Welt, sondern höchstens eine *weniger schlechte* Welt schaffen kann, daß er die Ungerechtigkeiten nicht beseitigen, sondern höchstens das Maß der Ungerechtigkeiten einschränken kann. Die bessere Welt bringt nach dem Neuen Testament *alleine Gott*. Daher heißt sie im Neuen Testament Reich *Gottes*, nicht Reich des *Menschen*. Sie ist eigentlich eine Revolution von oben, nicht von unten. Sosehr das Reich Gottes selber eine Sozialrevolution ist, darf es nicht mit den Revolutionen der Menschheitsgeschichte gleichgesetzt werden. Obschon es sich *in* dieser Welt verwirklicht (Lukas 17, 21), ist es doch nicht *von* dieser Welt (Johannes 18, 36). Es ist nicht nur *Vollendung*, sondern auch *Ende* der Welt.

Die Königsherrschaft Gottes mobilisiert den Menschen

Wenn das Reich Gottes Tat Gottes ist, macht es dann den Menschen nicht zum passiven Zuschauer? Der Mensch starrt nicht gebannt auf apokalyptische Horizonte, sondern er wird ermächtigt, das Reich Gottes hier und jetzt in der Welt durchzusetzen; er ist verpflichtet, der *neuen Ordnung*, die auf der *Liebe* basiert, zum Sieg zu verhelfen. Das Reich Gottes ist nicht nur Einbruch von oben, sondern ebenso Aufbruch nach vorn. Dieser Aufbruch kann sich auch darin äußern, daß Christen bei Sozialrevolutionen mittun, wenn sie nicht mit brutaler Gewalt, sondern mit humanen Mitteln durchgeführt werden. Was der Mensch hier tut, ist freilich nur ein schwacher Abglanz des Reiches Gottes oder nur ein dunkler Schatten, den dieses Reich, das Gott bringt, vorauswirft. Aber so notwendig zum Licht der Schatten gehört, so notwendig ist hier das Tun des Menschen.

Der Vorbehalt

All das kann immer nur mit einem Vorbehalt gemacht werden. Als Jesus »von den Pharisäern gefragt wurde, wann das Reich Gottes komme, antwortete er ihnen ...: »Das Reich Gottes kommt nicht nach äußerer Berechnung, und man kann nicht sagen: Hier oder dort ist es. Denn siehe, das Reich Gottes ist in eurer Mitte« (Lukas 17, 20 f.). Das Reich Gottes ist also nicht von Menschen zu planen und herbeizuzwingen, sondern Gottes unerforschlicher Plan, es ist nichts Berechenbares, sondern ein Wunder, man kann es weder mit der Geschichte noch mit sozialrevolutionären Traumstraßen in die Zukunft gleichsetzen, es ist ein Widerfahrnis. Obschon das Reich Gottes nicht machbar ist, ist es deswegen kein Wolkenkuckucksheim, sondern es ist »in eurer Mitte«, d. h. es ist nichts anderes als Jesus selbst. Sein Reich entsteht schon heute überall da, wo es ihm gelingt, Menschen vom Bösen zu befreien, seine neue Ordnung der Liebe unter ihnen durchzusetzen und die Mauern der Vorurteile, die sie voneinander trennen, einzureißen (vgl. 1).

3. War Jesus Menschensohn, nicht Gottessohn und Kyrios? Ist der Menschensohn der Mensch allgemein oder ein Übermensch, der uns einst richtet?

Um es gleich zu sagen, im Neuen Testament enthält weder der Titel Gottessohn noch der Titel Herr (= Kyrios) etwas herrschaftlich Autoritäres; Gottessohn und Herr sind keine autoritären Titel. Das würde dem Kreuzweg Jesu und dem oben in 2 B 1 besprochenen Abstieg Gottes (Kondeszendenz!) in Jesus widersprechen. Christus hatte keinen goldumrandeten Heiligenschein, sondern seine Hoheit verbarg sich in Krippe und Kreuz – wie wir sagten. Ein *Gottessohn*, der in einem Viehstall geboren wird, hat nichts Dynastisches an sich. Dieser Gottessohn ist kein bläßlicher Himmelsmensch, der im blauen Azur verschwebt, sondern er geht durch die Stalltüre der Geschichte. Er will nichts Besonderes sein, sondern er tritt in unsere Reihe. Die Unauffälligkeit ist sein auffälligstes Merkmal. Seine Hoheit versteckt sich – wie das *Luther* immer wieder betont hat – *unter dem Gegenteil* (sub specie contraria). Aber auch als *Kyrios* = Herr saß er nicht auf einem sozialen Hochsitz, sondern er war, wie der ev. Theologe *Karl Barth* sagt, »Herr als *Knecht*« (Phil. 2, 5–11), er war ein *verborgener* Herr. Seine Herrschaft verbarg sich unter dem Gegenteil (2 B 1). Er war zwar ein herrlicher, aber kein herrischer Herr.
Gewiß wurden mit dem Titel Gottessohn zur damaligen Zeit vergöttlichte Menschen tituliert. Bereits oben in 2 B 1 haben wir aber schon darauf hingewiesen, daß Jesus im Neuen Testament nicht als vergöttlichter Mensch gilt und daß dieser Titel hier etwas ganz anderes bedeutet als in der hellenistischen Umwelt, nämlich den Gehorsam Jesu zu seinem Vater.
Gewiß wurde mit dem Titel Kyrios oder Herr der römische Kaiser bezeichnet. Aber auf Jesus angewandt, verliert auch dieser Titel seinen autoritären Charakter. Denn die Tatsache, daß Jesus der einzige Herr ist, soll doch gerade den Menschen von allen anderen Herren frei machen (1. Korinther 8, 5–6). Mit das älteste Glaubensbekenntnis der Christenheit, das wir besitzen, ist der im Neuen Testament mehrmals überlieferte Ausruf: *Jesus (Christus) ist der Kyrios* (Römer 10, 9; Philipper 2, 11; 1. Korinther 12, 3). Dieses Bekenntnis hat keinen anderen Sinn als den: Jesus ist der *wahre Kaiser*, er ist der *einzige Kaiser*, er ist der *eigentliche Herr der Welt*, nicht der Kaiser. Der Titel Kyrios war kein reaktionärer, sondern ein revolutio-

närer Titel, der den römischen Kaiser und alle herkömmlichen heidnischen Götter, die so tituliert wurden, in Frage stellt[88]. Dieser Titel zementiert nicht das Herkömmliche, sondern er hebt es aus den Angeln.

Der Menschensohn: der erste und letzte Mensch

Welche Bedeutung hat demgegenüber der Menschensohntitel? Er kommt in den vier Evangelien besonders häufig vor, während er im übrigen Neuen Testament nur selten auftaucht. Während mit den Titeln Messias, Gottessohn und Kyrios die *neutestamentliche Gemeinde* ihren Glauben an Jesus ausgesprochen hat, hat Jesus nach *J. Jeremias* und *E. Stauffer* den Menschensohntitel *auf sich selbst* angewandt. Andere Forscher wie *G. Bornkamm* hingegen meinen, Jesus habe diesen Titel noch nicht für sich gebraucht, erst die judenchristliche Gemeinde Palästinas habe Jesus so tituliert. Dem Begriff Menschensohn liegt ein aramäisches Wort zugrunde und er bedeutet dann soviel wie der »Mensch«. *O. Cullmann* hat nachgewiesen, daß der Menschensohn im Judentum als der erste Mensch bzw. der ideale Urmensch des Anfangs galt; zugleich sah man in ihm einen Himmelsmenschen, der einst zum Gericht kommt[89]. Der Menschensohn ist eine urzeitliche und eine endzeitliche Gestalt. Im Neuen Testament kann man drei Gruppen von Menschensohnworten unterscheiden, die, die vom kommenden Menschensohn-Richter sprechen (Lukas 12, 8f.), die, die vom Erdenwirken des Menschensohns (Markus 2, 10; Matthäus 8, 20) bzw. vom Menschen allgemein reden (Markus 2, 27f.), und die, die sein Leiden und Auferstehen (Markus 8, 31) zum Inhalt haben[90].

Wie kann man all diese widerstrebenden Menschensohnbedeutungen in eins schauen? Jesus ist der *ideale Mensch*, der Mensch, wie er sein soll. Er ist als solcher der *Endmensch*, der alle Unmenschlichkeit richtet und dem Menschen, wie er sein soll, zum Sieg verhilft. Jesus ist der *erste und letzte Mensch*. D. h. er ist der *allein Maßgebende*. Maßstab im Gericht wird sein, ob der Mensch ein Mensch war, ob der Mensch wie Jesus war, der der Mensch ist, wie er sein soll. Es wird einst im

88. Vgl. O. Cullmann: Die Christologie des Neuen Testaments, 2. Aufl. 1958, S. 222ff.
89. O. Cullmann: Christologie des Neuen Testaments, S. 153.
90. Vgl. Ferdinand Hahn: Christologische Hoheitstitel, 1963, S. 23ff.; O. Cullmann: Christologie des Neuen Testaments, S. 154ff.

Gericht dieses Menschensohns nach Menschlichkeit gerichtet (Matthäus 25, 31–46), und zwar nach der Menschlichkeit, die dieser Menschensohn selber verkörpert. Der Zusammenhang des Menschensohnbegriffs mit dem Kreuz weist darauf hin, daß der Menschensohn der *gerichtete* Richter ist, der stellvertretend das Gericht auf sich nimmt, das wir Menschen verdient haben (vgl. oben 2 B 2). Der Menschensohn ist kein *Übermensch*, sondern er stirbt den Tod eines *Untermenschen*, den Tod eines Verbrechers und Sklaven. Er stirbt wie ein Untermensch, daß der Mensch aufhört, ein Untermensch zu sein und wieder der Mensch wird, wie er sein soll.

4. Wer war der Gott Jesu? Die Spitze einer Herrschaftspyramide? Ein Ausbeuter? Ein überhöhter orientalischer Despot?

»Die Heiden mit Maschinengewehren bekehren, dann mit Gartenschläuchen taufen und sie dann als Kulis schuften lassen, das war wohl nicht das Wahre«[91]. Das »Christentum«, von dem hier der Dichter *Gottfried Benn* redet, hat nichts mit dem *Gott Jesu Christi* zu tun.

Der nahe und niedrige Gott

Der Gott Jesu Christi ist kein »ehrsüchtiger Orientale im Himmel«, vor dem der Mensch »sich im Staube wälzt« – wie *Nietzsche* meinte[92]. Er ist auch nicht die Spitze der Herrschaftspyramide und kein überhöhter Kapitalist, wie der Marxismus annimmt. Die Angriffe des Marxismus *treffen nicht den biblisch christlichen Gott*, sondern eine *Karikatur* von ihm: Er ist nicht die ferngerückte Pyramidenspitze einer Klassengesellschaft, sondern der *nahe* Gott (1 B 1). Der Gott des Christentums ist kein *Hochgott*, wie etwa der diamantglitzernde Allah des Islams, sondern ein *niedriger* Gott. Kennzeichnend für ihn ist der Zug nach unten (2 B 1). Er ist gerade nicht die Spitze einer Gesellschaftspyramide, sondern er steigt auf ihre unterste Stufe herunter und stirbt den Sklaven- und Verbrechertod am Kreuz. Die Theologie nennt diesen »gesellschaftlichen« Abstieg Gottes *»Kondeszendenz«* (2 B 1). Er

91. G. Benn: Gesammelte Werke in 4 Bd., 2. Aufl. II 1962, S. 399.
92. F. Nietzsche: Die fröhliche Wissenschaft, Goldmann Taschenbuch 569/570, S. 173.

thront in keiner Über- und Hinterwelt, sondern er ist das Herz dieser Welt. Er ist kein Despot, sondern sein Wesensmerkmal ist die Liebe (1. Johannes 4, 8). Der Gott Jesu Christi entmenscht nicht den Menschen, sondern er macht ihn wieder zum Menschen. Er ist kein Unmensch, sondern er wird *Mensch* und damit unser *Mitmensch*. Der christliche Gott ist nicht ein ferner Jenseits-Gott, der als Fata-Morgana* den Menschen davon ablenkt, die Wüste seines Lebens zu bewässern, sondern er will *selber* aus ihr einen *Paradiesgarten* machen. Der Gott Jesu Christi ist kein überhöhter Kapitalist, der den Menschen arm macht, um selber reich zu sein, sondern er »wurde arm«, damit wir »durch seine Armut reich werden« (2. Korinther 8, 9). Der christliche Gott macht den Menschen nicht unfrei, sondern frei, nicht unmündig, sondern mündig, er entfremdet nicht den Menschen, er entfremdet sich selbst (Philipper 2, 7) – am Kreuz.

Wer ist Gott?

Wie kann man Gott definieren (= umschreiben), damit unmißverständlich zum Ausdruck kommt, wer er ist. In der theologischen Tradition gibt es viele Definitionen von Gott. Wir haben ihn oben in der »Hinführung« ganz neu definiert als den letzten Sinn, das letzte Glück, den letzten Halt unseres Lebens. Im 2. Abschnitt B sprachen wir davon, Gott sei der, der das Gefängnis der Schuld von außen aufbricht. Wir könnten auch sagen: Er ist der, der mich geschaffen hat. In der Theologie umschreibt man heute Gott neu als die »absolute Zukunft« (d. h. als die absolut schöne, wahre und gute Zukunft) wie der röm.-kath. Theologe *Karl Rahner*, oder man definiert ihn als den tragenden »Grund« und die »Tiefe« unseres Lebens – so der ev. Theologe *Paul Tillich*. Da »Gott« ein abgegriffenes Wort ist, mit dem viele Menschen von heute nichts mehr anfangen können, kann es sich uns durch solche Neuumschreibungen ganz neu erschließen und besser verstanden werden. Doch Gott entzieht sich allen menschlichen Definitionen. Keine der genannten Gottesumschreibungen holt Gott ein. Es gibt nur eine Definition, die Gott einholt, nämlich die, die er sich selber gegeben hat: *Jesus von Nazareth*. Alle Namen, die wir Gott geben, zielen zu kurz und bleiben hinter seinem Wesen zurück. Gott hat sich selber einen Namen gegeben, der uns sein Wesen erkennen läßt: *Jesus*, was soviel heißt wie

* Eine durch Luftspiegelung verursachte Täuschung.

Retter (Matthäus 1, 21).* Jesus von Nazareth ist die einzige Definition, die einzige Wesensbeschreibung Gottes, die ihn einholt. Auf die Frage: Wer ist Gott? gibt es nur eine Antwort: Gott ist Jesus, Gott ist der Retter. Wenn man für das Wort »Gott« »Jesus« setzt, weiß man, was mit diesem Wort im Kern gemeint ist.

C. KONKRETION

Das folgende Gedicht von *Erich Kästner* soll nicht eine bestimmte Menschengruppe, sondern alle, die sich dem Christentum zuzählen, »treffen«:

Dem Revolutionär zum Geburtstag

Zweitausend Jahre sind es fast,
seit du die Welt verlassen hast,
du Opferlamm des Lebens!
Du gabst den Armen ihren Gott.
Du littest durch der Reichen Spott.
Du tatest es vergebens!

Du sahst Gewalt und Polizei.
Du wolltest alle Menschen frei
und Frieden auf der Erde.
Du wußtest, wie das Elend tut
und wolltest allen Menschen gut,
damit es schöner werde.

Du warst ein Revolutionär
und machtest dir das Leben schwer
mit Schiebern und Gelehrten.
Du hast die Freiheit stets beschützt
und doch den Menschen nichts genützt.
Du kamst an die Verkehrten!

* Das Wort Jesus, hebräisch Jeschua, bedeutet Retter.

Du kämpftest tapfer gegen sie
und gegen Staat und Industrie
und die gesamte Meute.
Bis man an dir, weil nichts verfing,
Justizmord, kurzerhand, beging.
Es war genau wie heute.

Die Menschen werden nicht gescheit.
Am wenigsten die Christenheit,
trotz allem Händefalten.
Du hattest sie vergeblich lieb.
Du starbst umsonst. Und alles blieb
beim alten[93].

Fragen zum weiteren Nachdenken

1. In einer Predigt, in der dieses Gedicht zitiert wurde, fragte der Prediger die Gemeinde: Blieb wirklich alles beim alten? War wirklich alles umsonst? Es liegt an *uns*, ob alles umsonst war. Die Welt wird nur besser, wenn *wir* besser werden. Sie verändert sich nur, wenn *wir* uns verändern.
Aber sind das nicht kirchliche Standardphrasen und theologische Fertigteile? Sie sind es zumindest dann, wenn uns diese Sätze der Pflicht entheben, gegen Unrechtsstrukturen unserer Gesellschaft zu protestieren. Wo und in welcher Form könnte dieser Protest erfolgen?

2. Ist es nicht bequemer, das Gegebene zu veredeln, als Neues an seine Stelle zu setzen? Sind wir nicht versucht, den Zwischenraum zwischen der Zukunft und Gegenwart mit Füllfiguren vollzustellen, damit die neue Welt Gottes nicht zu uns kommen kann und uns nicht so unbequem naherückt, sondern in unverbindlicher Ferne bleibt?

3. Unsere Zunge ist vielleicht nicht so spitz wie die Feder Kästners. Aber darin hat er recht: während Jesus ein »Revolutionär« war, hat sich die Kirche oft in der Rolle des »Konterrevolutionärs« gefallen. Während Jesus die Menschen befreite, hat die Kirche sie wieder unfrei gemacht, während er die gewaltlose Liebe gepredigt hat und an die Spottsäule der Gewalt gebunden wurde, hat sie den Menschen Gewalt angetan. Jesus wollte die Welt verändern, die Kirche aber wurde

93. E. Kästner: Dem Revolutionär zum Geburtstag. Gesammelte Werke I, Zürich 1969, S. 211.

zum Nachlaßpfleger überholter Herrschaftsstrukturen, er wollte die Gesellschaftspyramide durch die Bruderschaft ersetzen, in der alle gleich sind, sie ist selber eine Gesellschaftspyramide mit Rang- und Gehaltsstufen, er wollte das Neue, sie das gute Alte, er wollte eine gerechtere Welt, während sie die Menschen auf ein gerechteres Jenseits vertröstet hat. So denken jedenfalls viele von der Kirche.
Andere stellen die Gegenfrage: Wer ist denn eigentlich die Kirche? Das kirchliche Establishment oder alle, die Jesus lieben und sich durch ihn befreien lassen, »die da oben« oder »die anderen« oder wir?

Vierter Abschnitt

JESUS EIN ANTIBÜRGER?
Das Jesusbild der Pop-Generation

EINSTIEG

Folgender »Fahndungstext« stand in einer amerikanischen Underground-Zeitung:
»Gesucht wird:
Jesus, Christus, alias Der Messias, Sohn Gottes, König der Könige, Herr der Herren, Fürst des Friedens etc. Berüchtigter Führer einer Untergrundbefreiungsbewegung. Er hat sich folgender Vergehen schuldig gemacht: Er praktiziert ohne Lizenz als Arzt, Weinhersteller und Essensverteiler, legt sich mit Geschäftsleuten im Tempel an. Er verkehrt mit bekannten Kriminellen, Radikalen, Subversiven*, Prostituierten und Leuten von der Straße. Er behauptet, Autorität zu haben, Menschen in Gotteskinder zu verwandeln. Äußere Erscheinung: Typischer Hippie – langes Haar, Bart, Robe, Sandalen. Er treibt sich gern in Slums herum, hat einige reiche Freunde, verkriecht sich oft in der Wüste. Achtung: Dieser Mann ist extrem gefährlich. Für seine zündende Botschaft sind besonders jene jungen Leute anfällig, denen man noch nicht beigebracht hat, ihn zu ignorieren. Warnung: Er läuft noch frei herum.«[94]
Es hängt sicher mit dem Schwenk der nachrevolutionären Jugend zur Innerlichkeit zusammen, daß sie sich (u. a.) Jesus zum Idol erwählt hat. Er rückt in die Marktnische, die die beiseitegerückten gesellschaftspolitischen Ideale Mao, Che, Ho und Marx hinterließen. Die – freilich inzwischen verebbte – Jesus-People-Welle ist Symptom dieser Tendenzwende der postrevolutionären Jugend.
Jesus ist für diese jungen Menschen alles mögliche und unmögliche, nur nicht der Christus der Kirche und des Katechis-

* Umstürzler.

94. Aus R. Baumann: 2000 Jahre danach, 1971, S. 7f.

mus: Er ist antizivilisatorischer Bürgerschreck, ein von elektronischer Musik umrauschter Superstar, Amokläufer gegen alles Bestehende, Gammler, Harlekin, Narr, eine merkwürdige Mischung aus Underground, Pop und Nazarenerkunst.* Dieser Jesus der Jugend ist spätbürgerlicher Plüschchristus und antibürgerlicher Nonkonformist zugleich, oder um mit *Nietzsche* zu reden: ein heiterer »Berg-, See- und Wiesen-Prediger« und ein »freier Geist«, der »sich aus allem Festem nichts macht«[95].
Als Beispiel für dieses antibürgerliche Jesusbild wählen wir die Jesusdarstellungen zweier Schriftsteller: Henry Miller und Günter Herburger.

A. INFORMATION

1. Henry Miller: Jesus, ein Reisender ohne Gepäck

Der amerikanische Schriftsteller *Henry Miller* (geb. 1891) gilt als Vater der Beat-Generation. Zivilisationsfeindschaft und ein schrankenloser Individualismus** sind die hervorstechendsten Merkmale seiner Dichtung. Er lebt seit 1947 in Big Sur an der kalifornischen Küste, ein Eldorado für Zivilisationsflüchtlinge. Das antizivilisatorische Jesusbild Millers, das wir hier wiedergeben, ist seinem Buch »Big Sur und die Orangen des Hieronymus Bosch« entnommen, in dem er sein Leben in der bizarren Einöde an der kalifornischen Küste beschreibt; es ist ein Bekenntnis »zu einem Leben fern aller Zivilisation, in ursprünglichem Einverständnis von Mensch und Natur« (so der Klappentext).
Protest gegen die Konsum- und Leistungsgesellschaft
Man könnte den Leitsatz des Jesusromans »Der Meister« von *Max Brod* über H. Millers Jesusbild setzen: »Das Größte an

* Eine Malergruppe zu Anfang des 19. Jahrhunderts.
** =Betonung des einzelnen als einmalige Persönlichkeit, im Gegensatz zum Kollektivismus.

95. F. Nietzsche von Jesus, 1888, in: Der Antichrist. Götzendämmerung . . . Kröner 1930, S. 227, 229.

ihm ist, daß er so einfach ist«[96]. Jesus ist – wie Buddha – ein Anti-Ideal zum komfort- und leistungssüchtigen Erfolgsmenschen unserer Zeit. Es gibt wohl nichts, was das breitbeinige Selbstvertrauen des leistungsstolzen Spießbürgers von heute so in Frage stellt, wie dieser bedürfnislose Wanderprediger aus Nazareth. Jesus zeigt: »Sein Leben vereinfachen!« ist heute die einzige Aufgabe. »Das Weltproblem ist das Problem jedes einzelnen. Wenn der einzelne Mensch friedlich, glücklich, duldsam und hilfsbereit ist, hört das Weltproblem zu bestehen auf«[97]. Es kommt nicht so sehr auf das Handeln als auf das Sein an. »Kann es nicht sein, daß Nichthandeln manchmal eine höhere Form des Handelns ist? Jesus schwieg vor Pontius Pilatus. Buddha hielt seine größte Predigt, als er der Menge eine Blume zum Anschauen hinhielt«[98]. Was sind die blasierten Geistreicheleien des Pilatus im Vergleich zu diesem Schweigen, was die babylonischen Türme der Technokratie im Vergleich zu dieser Blume? Es kommt nicht darauf an, daß man viel leistet, sondern daß man glücklich ist. Jesus und Buddha sind ein einziger Protest gegen unsere Leistungsgesellschaft, die heillos vom »Erfolgsvirus« und vom »Virus der Sicherheit« vergiftet ist[99].

Der bedürfnislose Wanderprediger

Wer war Jesus? Leicht ironisch antwortet Miller:

Er »besaß nicht einmal eine Zahnbürste, soviel man weiß. Kein Gepäck, keine Möbelstücke, keine Wäsche, kein Taschentuch, keine Kennkarte, kein Bankbuch, keine Versicherungspolice, kein Haus (nicht einmal einen Winterpalast), er brauchte auch keine Briefe zu lesen und zu beantworten. Soviel wir wissen, schrieb er nie eine Zeile. Heimat war für ihn, wo er sich gerade befand. Nicht, wo er seinen Hut aufhängte, denn er besaß keinen.«

»Er hatte keine Bedürfnisse, das ist's. Ihn verlangte nicht einmal nach einem so armseligen Posten wie dem eines Garderobedieners. Als Zimmermann arbeitete er nicht lange. Er stellte auch keine höheren Lohnforderungen. Nein, er hatte Wichtigeres zu tun. Er bewies, wie lächerlich es ist, im Schweiße seines Angesichts zu arbeiten. Seht die Lilien auf

96. Aus dem Jesusroman von Max Brod: Der Meister, 1960, S. 154.
97. H. Miller: Big Sur oder ..., deutsch 1966, S. 225, 223.
98. Ebd. S. 123.
99. Ebd. S. 91, 31.

dem Felde ...«. »Kann man sich vorstellen, daß Jesus einen akademischen Grad erhielt? Etwa wegen seiner Krankenheilungen zum Ehrendoktor gemacht wurde? Von allen Graden hätte der ›Doktor der Theologie‹ am wenigsten zu ihm gepaßt. Heute muß man natürlich einen akademischen Grad haben, wenn man Gottes Werk tun will. Statt aber Gottes Werk zu tun, predigt man. Die soziale Sicherheit wird alle häßlichen Probleme lösen.« Jesus hatte kein soziales Programm, aber er war immer für die anderen da. Die eigentlichen »geistigen Führer« unserer Zeit sind nicht die, die im Rampenlicht der Öffentlichkeit stehen, sondern Buddha, Jesus, Sokrates und andere, die »mit leichtem Gepäck reisen und immer für andere zu haben sind«. »Die wirklichen Gottesmänner stehen außerhalb der Kirche und die wirklichen Führer außerhalb der Welt der Politik«[100].

2. Günter Herburger: Jesus, der Pop-Heiland

Die Kritik an der Konsumgesellschaft ist das Leitmotiv in den Veröffentlichungen des Schriftstellers G. Herburger (geb. 1932). Das gilt auch von seinem Zukunftsroman »Jesus in Osaka«, dessen Inhalt hier mit kurzen Strichen skizziert werden soll. Herburger stellt seinen Pop-Jesus als den wahren Jesus dem Jesus der Kirche gegenüber.

Pop-leader und Edelanarchist

Wer war Jesus, besser gesagt, wer wird er sein, wie sieht der Jesus der Zukunftsgesellschaft aus? Er wirft nicht nur alle vertrauten Jesusvorstellungen, sondern alle herkömmlichen Konventionen über den Haufen. Er trägt lange Haare, eine verbeulte Hose, ein offenes Hemd und einen wehenden Plastikmantel. Er lehnt die Familie als überholte Gesellschaftsstruktur ab und lebt in der Gruppe. Vorübergehend arbeitet er als Bauhilfsarbeiter. Er hat keinen festen Beruf. In seinem Lebenslauf heißt es: »Ich habe studiert, kein Examen gemacht, bin jahrelang umhergereist und habe an verschiedenen Orten immer wieder neue Arbeit angenommen, um soviel wie möglich kennenzulernen ... Ich wollte Radartechniker werden, Zeitungskorrespondent, Bademeister, Kybernetiker und gab wieder auf ... Ich wollte mehr. Ich wollte von Hoffnun-

100. Ebd. S. 222 f., 225.

gen geschüttelt werden ...«[101] Arbeit ist in den Augen Jesu eine »Erfindung von Moralisten«[102] und etwas Sinnloses, »Geld« und »Moral« »sind Instrumente der Unterdrükkung«[103]. Die Kirche ist in Jesu Augen ein Angstapparat, Gott ist wie die Arbeit eine »Erfindung«[104]. »Die Erfindung Gottes war« aber »notwendig ..., weil wir uns verlassen fühlen«[105]. Typisch für diesen verspielten Pop-Jesus ist folgende Szene. Er wirft einen Arm hoch und ruft: »Seid ihr alle Christen?!« »Ja, antworten alle im Chor.« »Glaubt ihr daran?!« »Nein, rufen alle.« »Ist es euch egal?!« »Ja, rufen alle.« »Seid ihr trotzdem fröhlich!?« »Ja, ja, ja, rufen sie begeistert, klatschen in die Hände, hüpfen auf der Stelle und formieren sich, bravorufend, zu einem Zug, der lachend und johlend den Platz verläßt, voraus Jesus ...«[106]

Bringer von Freiheit und Liebe

Inmitten der »von Dreck und Menschen überfüllten Kanisterstädte« einer entnervten Zukunftsgesellschaft verkündet Jesus seine Botschaft von der Freiheit und Liebe (»Liebe als direkte Demokratie«). Die Kreuzigung wird zu einem Happening umfunktioniert. Jesus trägt sein Kreuz auf den Berg, umringt von einer »Schar Jungen und Mädchen, abenteuerlich ausgestattet mit Zipfelmützen, Plastikhelmen, Schleiergewändern, Gummistiefeln und Netzhemden«. »Ich will für mich Reklame machen«, sagt Jesus, »ganz oben, sonst fällt es nicht auf.« Unter dem Kreuz schreit er der knieenden Menge, die ihn höhnend umringt, zu: »Ich bin nicht Jesus.« »Ich will es nicht sein!« »Jesus ist schon lange tot, ihr braucht ihn nicht mehr!« »Millionen sterben.« »Jeder ist geeignet dafür. Ich kann es nicht sein, ich glaube nicht daran und habe Angst.« »Ich will nicht sterben«, ruft er. »Ich will kein Beispiel sein, ich will leben wie ihr!«

»Die Mädchen brechen über ihn herein, doch er wird nicht zerstückelt und zerkaut, sondern umschlungen weitergegeben. Kopfüber gedreht und wieder aufgerichtet, wandert er zwischen den Frauenkörpern aufwärts. Über die bebende

101. G. Herburger: Jesus in Osaka, 2. Aufl. 1970, S. 80.
102. Ebd. S. 326.
103. Ebd. S. 16.
104. Ebd. S. 221 f.
105. Ebd. S. 277.
106. Ebd. S. 120.

Frauenpyramide, die sich aufbaut, klettert er geschoben und angehoben über Rücken, Schultern und Köpfe höher«, »bis er schließlich an seinem Kreuz hängt, das er sich zugedacht hat, zu dem er sich aber nicht mehr bekennen wollte«. »Die Körperpyramide sinkt wieder in sich zusammen, dicht geschart bleiben die Frauen um das Kreuz stehen, dem Stamm am nächsten, im Kreis innen die Mädchen.« »Jesus, unser Jesus, seufzen sie im Chor, erhitzt atmend nach der geleisteten Arbeit.« »Jesus fühlt sich wohl in seiner Höhe. Er sieht die Masten der Flutlichtanlage um die Gipfelplattform stehen, Sonnenstrahlen zerstäuben in den Messingbahnen der Gedenktafel.« Jesus ruft vom Kreuz: »Ich glaube nicht mehr an Erlösung durch den Tod, ich liebe mich, ich habe gelernt, mich zu achten, deshalb lerne ich auch, andere zu achten.« »Wir lieben uns! ruft er und klatscht zweimal in die Hände aufrecht am Kreuz. Wir lieben uns! rufen sie und klatschen zweimal in die Hände dicht zusammen.« »Ich sehe ... mich seit zweitausend Jahren ans Kreuz genagelt. Ich will nicht mehr häßlich sein und leiden!« Das Kreuz hat eine Angstordnung aufgerichtet, die die Menschen verknechtet hat. »Keine Angst mehr und kein Kreuz mehr.« »Deshalb verlasse ich das Kreuz«, schreit er, »und komme zu euch, damit die Angst, die ich errichtet habe, verblaßt, und der Gehorsam, der euch quälte, sich in Freiheit und Liebe verwandelt!«
Jesus reißt sich die Kleider vom Leib, ebenso die Menge. »Das wunderbare Gefühl, einig zu sein«, überkommt alle und »verlangt nach Handlung«. »Ich komme«, ruft Jesus. »Er breitet die Arme aus«, »dann läßt er sich einfach fallen«. Die »Menge« fängt ihn »mit emporgereckten Händen« auf. »Er taucht unter und ist schon nicht mehr von ihnen zu unterscheiden.« Junge Männer bespritzen das Kreuz mit Benzin und zünden es an[107].

107. Ebd. S. 166, 172, 178, 184ff., 190f.

B. PROBLEMSKIZZE

1. War Jesus eine unbürgerliche Existenz oder ein ängstlicher Kleinbürger? War er ordnungsfeindlich oder hat er sich für Sauberkeit und Ordnung eingesetzt? Hat er die Ordnung von Ehe, Familie und Staat abgeschafft und durch die Gruppe ersetzt oder hat er sie erneuert? War er konservativ, liberal oder progressiv?

War Jesus ein Antibürger, wie H. Miller und G. Herburger meinen? Hat der theologische Schriftsteller *Adolf Holl* recht, wenn er von Jesus behauptet, er sei ein gesellschaftlicher »Außenseiter«, der in »anrüchigen Kreisen« verkehrte. Jugendlichen, die von zu Hause »ausreißen« und »polizeilich gesucht« werden, »winkt« er »zu«. »Er ist ... bei den Gefangenen und Verurteilten ... bei den Unzufriedenen«, »nicht bei den Erhaltern des Bestehenden ...« »Die Satten meidet er.« Jesus war ein »Rebell gegen Gewohnheit« und ein »Skandalmacher«. Die Kirche hat aus diesem Bürgerschreck einen kreditwürdigen Bourgeois mit Titeln und Würden gemacht. Der outcast wurde zum Karrieremacher, der »es zu etwas gebracht hat«. Das Kind armer Leute wurde zum aristokratischen »Gottessohn« hoch oben zur Rechten Gottes[108]. Soweit Holl!*

Jesus, der unangepaßte Mensch

Jesus war weder Bürgerschreck noch Spießer, aber doch ein zutiefst unbürgerlicher Mensch. Er paßt weder in das Schema des Antibürgers, noch in das des Sozialrevolutionärs oder großen Menschen oder frommen Juden. Aber darin bestand eben gerade seine unbürgerliche Existenz, daß er in keinen Erwartungsrahmen, weder in den von damals, noch in den von heute paßt. Aber auch noch in anderer Beziehung ist Jesus ein *unangepaßter, ein unbürgerlicher Mensch*:

– Jesu Plädoyer für die *sozial Geächteten* seiner Zeit empfanden die Vertreter des Bestehenden mit Recht als tödlichen Angriff auf ihr Gesellschaftssystem mit ihren Rangstufen. Zu diesen »Armen« (Lukas 4, 18), an die sich die Frohbotschaft Jesu richtete, gehörten nicht nur die materiell Ar-

* Vgl. zu »Gottessohn« oben 2 B 1 und 3 B 3.

108. A. Holl: Jesus in schlechter Gesellschaft, 1971, dtv 1019, S. 15, 32 f., 20, 129–134.

men, sondern die Armen im umfassenden Sinn, die Bedrängten, Unterdrückten, Kranken und öffentlichen Sünder.

- Zu den Deklassierten, für die Jesus Partei ergreift, zählten zur damaligen Zeit auch die *Kinder*. Jesus wertet das Kind, das im Judentum negativ beurteilt und verachtet wurde, bewußt auf (Matthäus 18, 2ff.; 19, 13ff.; 21, 15f.). Es wirkte schockierend, wenn Jesus den *Erwachsenen* das *Kind* als Vorbild hinstellt und nicht umgekehrt: »Wenn ihr nicht ... werdet wie die Kinder, so werdet ihr nicht ins Reich der Himmel kommen« (Matthäus 18, 3). Die bisherige Pädagogik wird dadurch auf den Kopf gestellt.
- Ähnlich »unerhört« ist Jesu Plädoyer für die *Frau*, die im damaligen Judentum zu den Deklassierten gehörte und nicht als vollwertiger Mensch galt. Sie war Kaufobjekt und verfügbare Sache des Mannes. Die Frau durfte kein Zeugnis ablegen, kein Tischgebet sprechen, keine Kinder lehren, es wurde davon abgeraten, sich mit ihr zu unterhalten. Degradiert wurde die Frau auch durch die Polygamie* und ein willkürlich anwendbares Scheidungsrecht, das nur der Mann hatte. Jesus hat die Frau nicht nur durch die Wiedereinführung der monogamen** und unauflöslichen Ehe (Matthäus 19, 5f.) aufgewertet, sondern auch durch sein ungewöhnliches Verhalten gegenüber den Frauen: Er wendet sich ihnen immer wieder zu und setzt sich dabei über alle geltenden Konventionen hinweg (Lukas 7, 36ff.; 8, 17; Johannes 4, 1ff.; 8, 1ff.). Er redet nicht nur mit den Frauen, selbst mit den verachteten (Johannes 4, 7ff.), er läßt es sogar zu, daß sie ihm als Jüngerinnen nachfolgen (Lukas 8, 1f.) und daß sie für ihn unter dem Kreuz und nach der Auferstehung Zeugnis ablegen.
- Daß Jesus alles andere als ein muffiger Spießbürger war, erweist seine *Tischgemeinschaft* mit den *gesellschaftlich Verfemten*, wie etwa den Zöllnern (Matthäus 9, 11). Die Pharisäer empfanden seinen Umgang mit den Zollpächtern als höchst anstößig, worauf sie Jesus mit dem Satz provozierte: »Ich bin nicht gekommen, Gerechte zu berufen, sondern Sünder.« Eine Provokation war auch das Gleichnis vom Pharisäer und Zöllner, in dem ausgerechnet der reuige

* Vielweiberei.

** Von Monogamie = Einehe.

Zollpächter »gerechtfertigt« wird und Recht bekommt, nicht der »fromme« Pharisäer (Lukas 18, 9–14). Durch das Gleichnis wird die ganze bürgerliche Ordnung auf den Kopf gestellt: ausgerechnet der Saubermann ist der größte Sünder, die größte Sünde ist die, zu meinen, man hätte keine Sünde. Daß Jesus die Pharisäer so scharf bekämpft und zu öffentlichen Sündern so auffallend mild ist, wirkt heute noch anstößig. Das Wort Jesu »Die Zöllner und Dirnen kommen vor euch ins Reich Gottes« (Matthäus 21, 31) ist heute noch in den Ohren selbstsicherer Bürger eine Ungeheuerlichkeit.

- Nicht genug damit, daß sich Jesus über die bisherigen Sitten und Konventionen hinwegsetzt; er setzt auch die 613 jüdischen Gebote außer Kraft und läßt im Grunde nur noch ein Gebot, das *Gebot* der *schrankenlosen Liebe* (Matthäus 22, 36–40) gelten, eine skandalöse Zumutung für die Sachwalter der Tradition. Die Antithesen* der Bergpredigt, das Gebot, die andere Backe hinzuhalten, die Aufhebung der Reinigungsgesetze zugunsten des reinen Herzens (Markus 7, 14–23), die Außerkraftsetzung der Sabbatgesetze (Markus 2, 23ff.) waren ein Affront gegen die bestehende bürgerliche Ordnung. »Der Sabbat ist um des Menschen willen geschaffen und nicht der Mensch um des Sabbats willen« (Markus 2, 27), das Gesetz dient dem Menschen, nicht der Mensch dem Gesetz, der Mensch ist wichtiger als das Gesetz. Das alles hebt die ganze bisherige bürgerliche Ordnung aus den Angeln – damals und heute.
- Unbürgerlich ist auch die *Biographie* Jesu: er stammt aus dem verachteten Provinznest Nazareth, läuft als Kind seinen Eltern davon, wird von seinen Verwandten für verrückt erklärt (Markus 3, 21), trennt sich von seiner Mutter und seinen Brüdern (Markus 3, 31–35), Blutsbande sind ihm unwichtig. Er ist bei den Leuten unbeliebt (Johannes 15, 18), ohne festen Beruf und Wohnsitz (Matthäus 8, 20) und stirbt als outcast der Gesellschaft den Verbrechertod am Kreuz.

Mensch ohne Vorurteil

Jesus war – zusammengefaßt gesagt – ein *Mensch ohne Vorurteile*, wie das Gleichnis vom Barmherzigen Samariter (Lukas 10, 25–37), vor allem aber die *Geschichten von der großen Sünderin* (Lukas 7, 36–50) und von der *Ehebrecherin* (Johan-

* Siehe oben 1 B 1.

nes 8, 1–11)* zeigen. Er kümmert sich nicht um das, was »die Leute sagen« und läßt sich im Hause eines Pharisäers von einer stadtbekannten Dirne die Füße küssen und salben (Lukas 7, 38). Als man ihm eine beim Ehebruch ertappte Frau vorführte, damit sie gesteinigt würde, sagt er: »Wer unter euch ohne Sünde ist, werfe den ersten Stein auf sie« (Johannes 8, 7). Er hat keinen Stein auf sie geworfen, sondern er hat den *Stein selber gesteinigt.* Er geht das Wagnis grenzenloser Liebe ein, wie für ihn ja auch der Glaube ein Wagnis darstellt (vgl. 1 B3). Im Zuge der Verbürgerlichung des Christentums geriet dieser Wagnischarakter der christlichen Existenz in Vergessenheit. Ein Spießbürger kann eigentlich kein Christ sein, weil er nichts wagt und auf »Nummer Sicher« gehen will. Das breitbeinige Selbstvertrauen des bürgerlichen Menschen und das Wagnis des Glaubens, der alleine auf Gott setzt, schließen sich aus. Aus Jesus hat man später eine Art Spießbürgerideal gemacht. Unzählige Jesusbilder stellen ihn wie einen selbstsicheren, behäbigen und angesehenen Bürger dar. Unnötig, darauf hinzuweisen, wie sehr Jesu Vorurteilslosigkeit das rechtwinklige Weltbild kleinkarierter Pfahlbürger sprengt.

Konservativer Revolutionär

Trotz alledem paßt Jesus nicht in das Klischee vom Bürgerschreck. Man hat ihm zu Unrecht eine romantische Vorliebe für die Unterwelt oder einen abenteuerlichen Hang zur Halbwelt angedichtet. Jesus war kein Abenteurer, keine Spielernatur, die viel einsetzt. Er war klug und besonnen (Matthäus 10, 16; 26, 52), nicht leichtsinnig. Gerade weil er es auf Gott gewagt hat! Andere haben aus ihm einen Anarchisten gemacht, der Amok gelaufen ist gegen jede Ordnung. Jesus war nicht gegen jede Ordnung, sondern gegen alles, was der *neuen Ordnung* der grenzenlosen Liebe widersprach. Alttestamentliche Gebote, die dieser neuen Ordnung entsprachen, wurden beibehalten, ja sogar radikalisiert (Matthäus 5, 21 ff.; Markus 7, 10 ff.).

Diese *neue* Ordnung ist aber eigentlich die *älteste* Ordnung, die unter dem Schutt späterer Menschensatzungen begraben wurde. Jesus wollte die *ursprüngliche Schöpfungsordnung* erneuern. Er war also ein »konservativer Revolutionär«. Der status quo wurde im Namen der Schöpfungsordnung aufgehoben.

* Die »Echtheit« von Johannes 8, 1 ff. ist freilich umstritten.

Die neue Ordnung der Ehe

So hat Jesus die ursprüngliche Schöpfungsordnung der monogamen und unscheidbaren Ehe wieder in Geltung gesetzt (Matthäus 19, 5f.). Mann und Frau wurden gleichgestellt und ihre Beziehung zueinander verinnerlicht. Die Ehe wurde im »*Herzen*« verankert (Matthäus 5, 27f.), wie die »*Herzens*härtigkeit« Ausgangspunkt des Ehezerfalls war (Matthäus 19, 8). Einsatzpunkt der neuen Ordnung ist also das *Herz*, die Liebe, heute würden wir sagen: das Partnerschaftsprinzip (1. Mose 2, 18!). Dieses neue Eheverständnis blieb nicht ohne Folgen für Familie und Kindererziehung. Jesus hat nicht die Familie aufgelöst und durch die Gruppe ersetzt, sondern er hat sie verinnerlicht.

Das neue Staatsverständnis

Ebensowenig hat Jesus die politische Ordnung abgelehnt, obschon er dem römischen Staat in ironischer Distanz gegenüberstand – wie die Geschichte von der Steuermünze zeigt (Markus 12, 13–17). Gefragt, ob man dem römischen Kaiser Steuern zahlen soll oder nicht, läßt er eine silberne Steuermünze mit dem Bild des Kaisers herbeibringen und sagt: »Gebet dem Kaiser, was dem Kaiser gehört, und Gott, was Gott gehört« (Vers 17). Gemeint ist: Gebt jedem zurück, was sein Ebenbild trägt, dem Kaiser gehört seine Münze, ihr aber, die ihr das Ebenbild Gottes seid, gehört Gott, nicht dem Kaiser. Die Geschichte zeigt, daß Jesus nicht staatsfromm war und welchen Stellenwert der Staat für ihn hatte. Ein Christ wird dem Staat das Seinige geben, er wird sich aber nie von ihm verknechten lassen, er wird ihm in kritischer Distanz gegenüberstehen und nie ein braver Untertan werden, der sich vom Staat vereinnahmen läßt. Die frühe Christenheit wußte: Der Christ hat ein freies Gegenüber zum Staat, weil es für ihn im Grunde nur *einen* Kyrios, *einen* Kaiser gibt (vgl. oben 3 B 3). Er gehört Christus, nicht dem Staat. Christus, der einzige Herr, macht ihn frei von allen Herren (1. Korinther 8, 5–6).

Bezeichnend für die staatskritische Haltung Jesu ist auch sein Wort: »Ihr wißt, daß die, die als Fürsten der Völker gelten, sie knechten und ihre Großen über sie Gewalt üben. Unter euch ist es aber nicht so ...« (Markus 10, 42f.).

Die Gegengesellschaft der Christen

Im Blick auf das oben Gesagte kann man zusammenfassen: Auf Jesus paßt weder das Etikett »progressiv«, noch »konser-

vativ«. Er war nicht konservativ, d. h. bewahrend. Er hat das Bestehende nicht bewahrt, sondern den Umbruch des Bestehenden (= Reich Gottes) verkündigt, wofür ihn die Vertreter des Bestehenden ans Kreuz geschlagen haben. Er war aber auch nicht das, was man landläufig einen Progressiven, d. h. einen Fortschrittlichen nennt, er war nicht Bahnbrecher des Fortschrittes, sondern er blieb am Wegrand des Fortschritts liegen. Noch viel weniger war der, der die Menschen mit solch letztem Ernst und solch unerbittlicher Kompromißlosigkeit in die Nachfolge rief, ein Liberaler, der zu allem Ja und Amen sagt und jeden nach seiner Façon selig werden läßt.
Eines war er bestimmt – ein Unangepaßter, ein Nonkonformist, ein unbürgerlicher Mensch, der sich nicht zu gut war, die Verfemten, eben alle zu lieben. Einer, der durch den Schmutz gegangen ist, ohne selber schmutzig geworden zu sein.
So gesehen hat er – wie der ev. Theologe *R. Bohren* sagt – eine »Gegengesellschaft« gegründet.
- Die Gegengesellschaft derer, die grenzenlos lieben,
- die Gegengesellschaft derer, die keine Vorurteile haben,
- die Gegengesellschaft derer, die niemanden verurteilen können, weil sie Gott um Christi willen nicht verurteilt, sondern freigesprochen hat, obschon sie schuldig sind,
- die Gegengesellschaft derer, die aus dem status quo aufgebrochen sind und die Vergangenheit im Rücken lassen.

2. War Jesus ein bedürfnisloser Asket oder der Künder überschwenglicher Freude? Hat er die Schöpfung geliebt oder den Untergang der Welt herbeigewünscht? Hatte er einen unbekümmerten Vorsehungsglauben oder hat er die Zukunft geplant? War er leistungsfeindlich oder leistungsbesessen? War er ein in sich gekehrter, meditativer Typ oder ein Tatmensch?

Wir fassen kurz das in 1 gesagte zusammen: Der ev. Alttestamentler *Ludwig Köhler* spricht von der »Macht des Herkommens«[109] in der jüdischen Religion, der sich niemand entziehen konnte. Jesus hat die Menschen von der bleiernen Tyrannis des Herkommens befreit. Darin war er ein unbürgerlicher Mensch. Freiheit ist aber für ihn nicht Willkür. Er hat die

109. L. Köhler: Der hebräische Mensch, 1933, S. 131.

Menschen zu nichts anderem als zu selbstloser Liebe befreit. Eine Liebe und Freiheit, die erheblich von der des Herburgerschen Hippie-Jesus abweicht.
Nach H. Miller war Jesus aber auch darin eine unbürgerliche Existenz, daß er durch sein *einfaches Leben* gegen die *Leistungsgesellschaft protestierte*, daß er *bedürfnislos* war – wie jener griechische Philosoph Diogenes (412–323 vor Chr.), der in einer Tonne lebte.

Das einfache und doch festliche Leben

War Jesus ein zweiter Diogenes? Jesus lebte in großer Armut. Er sagte einmal von sich: »Die Füchse haben Gruben und die Vögel ... Nester; der Menschensohn dagegen hat nichts, wohin er sein Haupt legen kann« (Matthäus 8, 20). Jesus war »bescheiden« (Matthäus 11, 29). Die Armut und Bedürfnislosigkeit war aber für ihn kein Selbstzweck wie für Diogenes. Er war kein säuerlicher Asket, sondern ein lebensfroher Mensch. Sonst hätte er nicht so gerne an Gastmählern teilgenommen, worauf besonders Lukas immer wieder hinweist (Lukas 7, 36ff.; 11, 37ff.; 14, 1). Das von Lukas überlieferte Gleichnis vom verlorenen Sohn zeigt, wie sehr das Leben des Christen ein festliches Leben sein soll. Vor allem das Lukasevangelium sieht in der Nachfolge Jesu ein Leben in der Freude. Es ist das »Evangelium der Freude«. Immer wieder taucht in ihm die Freude als Grundmotiv auf (Lukas 15, 5f.; 9f., 32; 19, 6). Ähnlich ist es bei den anderen Evangelien, man denke an die Hochzeit zu Kanaan, wo Jesus in überschwenglicher Freude Wasser in Wein verwandelt haben soll* (Johannes 2, 1 ff.)[110]. *J. Schniewind* und *J. Jeremias* haben darauf aufmerksam gemacht, daß selbst die Buße für Jesus Freude ist (Lukas 15, 11 ff.; 19, 1 ff.). Sie kommt nicht aus der Angst, sondern aus der »Erfahrung der unbegreiflichen Güte Gottes«[111] (Lukas 13, 6 –9). Die jüdische Religion war ja eine »Religion der Angst«[112] (*Ludwig Köhler*). Jesus setzt ihr das »Leben in der Freude« (*G. Bornkamm*)[113] entgegen. Die Angst ist ein Merkmal des Pfahlbürgers, während die Gegengesellschaft der Jünger Jesu von

* Manche Ausleger meinen, es waren nicht weniger als 480–700 Liter.

110. R. Bultmann: Das Evangelium des Johannes, 1957, S. 82.
111. J. Jeremias: Neutestamentliche Theologie I, S. 155f.
112. L. Köhler: Der hebräische Mensch, S. 130.
113. G. Bornkamm: Jesus von Nazareth, S. 77.

der Freude gekennzeichnet ist. Diese unbeschwerte Freude hat freilich nichts mit Leichtsinn zu tun. Der Freudenbringer ging ja ans Kreuz. Der händeklatschende Pop-Jesus Herburgers, der tänzelnden Schritts durch die Welt wippte und wie ein Clown vom Kreuz hüpfte, hat wenig mit dem Jesus der Evangelien zu tun.

Gnade und Leistung

Woher die Freude kommt, wurde schon angedeutet: aus der Gewißheit, daß alles Gnade ist (1 B 1). Anders die jüdische Leistungsreligion, in der man des Heiles nie gewiß ist, weil es von den Leistungen des Menschen abhängt. So hat der Mensch immer das Fallbeil der Angst im Nacken. Wenn das Heil aber ein Geschenk der Gnade ist, kann er aufatmen, weil dann der Stützpunkt seines Lebens aus ihm herausverlegt ist in Gott hinein. Daß das Heil ein unbegreifliches Geschenk, keine Leistung ist, verdeutlichen die Gleichnisse von den zwei Schuldnern (Lukas 7, 41 ff.), vom Pharisäer und Zöllner (Lukas 18, 9–14), vom verlorenen Sohn (Lukas 15, 11–32) und von den Arbeitern im Weinberg (Matthäus 20, 1–15). Gerade das letztgenannte Gleichnis zeigt aber auch, daß die Gnade kein Faulbett ist und daß der Mensch, wenn er aus der Gnade Gottes lebt, trotzdem viel tut, und zwar nicht um sich das Heil zu erwirken, sondern aus *Dankbarkeit*, daß es Gott in Jesus alleine erwirkt hat. Diesen Tatcharakter des Glaubens hat vor allem der Jesus des Matthäusevangeliums immer wieder betont (Matthäus 7, 21; 21, 28–31; 25, 31–46).

Das Ja zur Arbeit

Jesus bejaht die Arbeit. Er war kein arbeitsscheuer Hippie und Gammler, zu dem man ihn schon machen wollte. »Mein Vater wirkt bis jetzt, und ich wirke auch«, sagt der Jesus des Johannesevangeliums (Johannes 5, 17). Wie der Vater Jesu kein in sich ruhender, sondern ein tätiger Gott ist, so verzehrt sich auch sein Sohn im Tun des Guten – bis zum bitteren Ende am Kreuz.

Die Befreiung von der Leistungspeitsche

War Jesus ein unermüdlicher Arbeiter, so war er doch kein »Managertyp«. Er hatte immer Zeit für die anderen und vor allem immer Zeit für Gott. Er wußte: Nur wer vor Gott ruht und ihn tun läßt, kann viel tun. Die Arbeit kommt aus der Ruhe. So ist Jesus eigentlich ein meditativer und aktiver Typ zugleich. Daher war an ihm nichts Verkrampftes und Angestrengtes. Wenn man weiß, daß alles Gnade ist, wird die Arbeit entkrampft. Wenn alles Gnade ist, wird dem Leistungsprinzip der jüdischen Religion und unserer heutigen Leistungsgesellschaft die Spitze abgebrochen. Wer allein aus der Gnade lebt, wird sich dem Leistungsdruck unserer Gesellschaft verweigern. Im Gleichnis vom reichen Kornbauern (Lukas 12, 16–21) verurteilt Jesus das Leistungsdenken, das nur raffen und schaffen will, statt sich von Gott alles schenken zu lassen.

Sein Vorsehungsglaube und seine Sorglosigkeit

Jesu Sorglosigkeit ist zweifellos die schärfste Absage an das Leistungs- und Erfolgsdenken damals und heute. Der Hinweis Jesu auf die »Lilien des Feldes«, die »nicht arbeiten« und doch »wachsen« (Matthäus 6, 28), war von jeher dem verbürgerlichten Christentum unverständlich. Jesus hatte einen »kindlichen Vorsehungsglauben«[114] (*R. Bultmann*). Wer unterfaßt ist von Gottes Gnade, kann unbekümmert und sorglos sein. Jesus kann daher sagen: »Sorget euch nicht um euer Leben, was ihr essen oder was ihr trinken sollt ... Sehet die Vögel des Himmels an! Sie säen nicht und ernten nicht und sammeln nicht in Scheunen, und euer himmlischer Vater ernährt sie doch.« »Warum sorgt ihr euch um die Kleidung? Betrachtet die Lilien des Feldes, wie sie wachsen! Sie arbeiten nicht und spinnen nicht; ich sage euch aber, daß auch Salomo in all seiner Pracht nicht gekleidet war wie eine von diesen. Wenn aber Gott das Gras des Feldes ... so kleidet, wird er das nicht viel mehr euch tun, ihr Kleingläubigen? Darum sollt ihr euch nicht sorgen und sagen: Was werden wir essen oder was werden wir trinken und womit werden wir uns kleiden? Denn nach all diesen Dingen trachten die Heiden. Euer himmlischer Vater weiß ja, daß ihr all dieser Dinge bedürft« (Matthäus 6, 25–32). Eine ähnlich sorglose Gelassenheit spricht aus einem anderen Wort Jesu, das auch in der Bergpredigt steht: Der »Vater« »läßt seine Sonne aufgehen über Böse und Gute und läßt regnen über Gerechte und Ungerechte« (Matthäus 5, 45).

Dieser kindliche Vorsehungsglaube ist unvereinbar mit dem ängstlichen Sicherheitsstreben des Spießbürgers. Er ist aber auch eine klare Absage an das Ellenbogensystem der Leistungsgesellschaft von damals und heute.

War Jesus also ein naives Naturkind? Wenn er die Menschen auffordert, zu »werden wie die Kinder« (Matthäus 18, 3), so hat

114. R. Bultmann: Jesus, 1951, S. 135.

er keine Naivität im Auge, sondern den Vorzug des Kindes vor den Erwachsenen, sich gerne und ohne Hintergedanken beschenken zu lassen, also unverbildet zu sein. Er war unverbildet wie ein Kind – wie unbequem konnte seine Wahrhaftigkeit werden, wenn sie religiöse und bürgerliche Heuchelei entlarvte! Er war aber deswegen nicht arglos und naiv, sondern klug und vorsichtig (Matthäus 10, 16; Markus 12, 13ff.). Man hat zu Unrecht aus dem Christentum einen Kulturschutzpark für Harmlose gemacht. Die Kirche ist keine konfliktlose Idylle in unserer Welt, sondern das Aufgebot Jesu Christi zu ihrer Erneuerung.

Jesu kindlicher Vorsehungsglaube hat auch nichts mit Naturschwärmerei zu tun. Er wußte zu sehr um die sündhafte Gebrochenheit der Schöpfung. Trotzdem wird man seinen unbeschwerten und unbekümmerten Vorsehungsglauben nicht aus dem Neuen Testament hinwegdeuten und aus ihm einen wissensschweren, vergrübelten Theologen machen können, wie es nicht selten geschehen ist. Jesus war kein Wissenschaftler, der sich nicht gerne festlegt und alles in die Schwebe der Einerseits-Andererseitsbalance bringt. Jesus war kein spitzfindiger Zergliederer wie die Gesetzeslehrer seiner Zeit, er war kein Gelehrter, der komplizierte Gedankengänge liebt und immer subtilere Nuancen herausarbeitet. Wie unkompliziert und einfach er war, zeigt seine Bildersprache, die jeder verstehen konnte. Nicht umsonst sind die *Gleichnisse* ein besonders hervorstechendes Merkmal seiner Verkündigung. In der jüdischen und griechischen Umwelt Jesu wurden zwar auch Gleichnisse verwendet, aber eben nicht oft und nur gelegentlich, während Jesus ungewöhnlich häufig in Gleichnissen redet[115]. Die ersten drei Evangelien überliefern uns nicht weniger als 41 Gleichnisse (*J. Jeremias*)[116]. Jesu Vorliebe für die Redeform der Gleichnisse hat aber noch einen tieferen Sinn: In ihr kommt seine Liebe zur Schöpfung, besser gesagt sein *Schöpfungsglaube* zum Ausdruck. Seine Vorliebe für Gleichnisse besagt: Die ganze Schöpfung ist nichts weniger als ein Gleichnis des Reiches Gottes. Freilich nur ein schwaches Gleichnis! Das Reich Gottes ist ja nicht nur die *Vollendung* der Schöpfung, sondern zugleich auch das *Ende* der Schöpfung (vgl. oben 1 B 1, 3 B 2).

115. Ed. Schweitzer: Jesus Christus, 1968, S. 30f.
116. J. Jeremias: Neutestamentliche Theologie I, S. 40.

3. War Jesus ein Individualist* oder ein Gruppenmensch? Hat er sich mit sich selbst beschäftigt oder nur an die anderen gedacht? Hat er sich selbst geliebt oder die anderen?

Jesus hat wie ein jüdischer Rabbi Schüler (Jünger) um sich versammelt. Es waren aber immer nur *Einzelne*, die er in seine Nachfolge gerufen hat, keine *Masse*. Jesus war *für* die *Gruppe*, er hat sich aber der *Masse* entzogen (Markus 1, 32–38). Als die Menschenmenge nach der Speisung der Fünftausend in eine schiefe Begeisterung geriet und ihn »gewaltsam wegführen wollte, um ihn zum König zu machen, zog er sich ... auf den Berg zurück, er allein« (Johannes 6, 15). Er wollte keine Begeisterung, sondern Nachfolge. Während der Pop-Jesus Herburgers in der Masse untertaucht, will Jesus seinen Auftrag als *Einzelner* erfüllen. Er war kein von Menschenmassen umjubelter Superstar, sondern das Opfer einer Massenhysterie: »Kreuzige ihn ... Kreuzige ihn« (Markus 15, 13f.).
Jesus hat sein Werk im Alleingang, als Einzelner vollbracht. Die Erlösung war keine Kollektivleistung, auch keine Gruppenleistung, sondern das Werk eines Einzelnen. Daß an diesem *einen* das Heil hängt, damit steht und fällt das Neue Testament. Wie Jesus als unverwechselbar Einzelner dieses Werk getan hat, so hat er es auch *für* den unverwechselbar Einzelnen getan, nicht für eine anonyme Masse. Daher ist für ihn der Glaube so wichtig, der ja eine Entscheidung des einzelnen Menschen ist, die ihm niemand abnehmen kann. Jesus ruft immer Einzelne in seine Nachfolge (Markus 1, 16ff.; 2, 14ff.; 10, 21; Lukas 9, 57–62). Ja, er geht dem Einzelnen nach. Das Gleichnis vom verlorenen Schaf (und vom verlorenen Groschen) zeigt das überdeutlich (Lukas 15, 4–10).
Dabei »schmeißt« sich Jesus nie an die Menschen »ran«, wenn er ihnen nachgeht. Er läßt sie in ihrem Anderssein gelten, wahrt eine letzte Distanz, eine Respektsgrenze zu ihnen. Keine Spur von Kumpelei oder schulterklopfender Kameradie!
Wie sehr Jesus den Einzelmenschen aufgewertet hat, erhellt nicht nur aus seiner Parteinahme für die Ausgestoßenen der Gesellschaft, sondern auch aus seiner Unabhängigkeit von

* Anhänger des Individualismus, der den einzelnen als einmalige Persönlichkeit betont – im Gegensatz zum Kollektivismus, in dem der einzelne in der Gruppe untergeht.

seiner Sippe und Verwandtschaft (Markus 3, 31–35). Im Judentum hatte der Mensch nur einen Stellenwert als Glied seiner Sippe, von der er in allem abhängig war.

Die Entdeckung des Einzelnen

Man könnte fast sagen: Jesus hat den Einzelnen entdeckt. Wenn er eine Gruppe gegründet hat, dann nicht als Kollektiv, sondern als Gemeinschaft unverwechselbar Einzelner. Er wollte die Menschen herausrufen aus der grauen Masse, damit sie keine Nummer mehr sind, sondern Ebenbild Gottes.
In der heutigen »Tauschgesellschaft« ist jeder austauschbar. Wenn Jesus einzelne aus der anonymen Masse herausruft, dann heißt das: Der Mensch ist kein auswechselbares Ersatzteil, jeder Mensch ist etwas *unauswechselbar* und *unverwechselbar Einmaliges*. Paulus bringt diesen Tatbestand durch seine Rechtfertigungsbotschaft überdeutlich zum Ausdruck: Der Freispruch wird jedem einzelnen auf den Kopf zu gesagt. Er macht aus einer anonymen Masse eine Gruppe, die Kirche. Paulus vergleicht daher die Kirche mit einem menschlichen Leib (1. Korinther 12, 12ff.), der *ganz verschiedenartige* Glieder hat, die aber doch *eins* sind. Ähnlich sind auch die Glieder der Kirche unter dem einen Haupt *gleich*, sosehr sie untereinander *verschieden* sind. Gleichheit meint Gleich*wertigkeit*, nicht Gleich*artigkeit*. Wie ein Glied an einem Leib etwas unauswechselbar Einmaliges ist, so auch der Mensch. Die Gleichheit unter dem *einen* Christus hat nichts mit Gleichmacherei zu tun. Sie ist nicht graue Uniformierung, sondern schließt Verschiedenförmigkeit ein. Paulus sagt: »Der Leib« besteht nicht aus »einem einzigen Glied« (1. Korinther 12, 14), sondern aus »vielen Gliedern« (1. Korinther 12, 12). »Fuß« ist nicht »Hand«, »Ohr« ist nicht »Auge«, und doch dienen sie alle dem »einen Leib« (1. Korinther 12, 15f., 20).

Jesus, ein einsamer Mensch

Jesus war kein Kollektivist*. War er also *Individualist*, d. h. ein Mensch, der gerne alleine ist, der der Gemeinschaft distanziert gegenübersteht und auf seine Eigenständigkeit pocht? Jesus war kein käuziger Diogenes und kein Eigenbrötler. Aber er war ein einsamer Mensch. Immer wieder sucht er die Einsamkeit (Markus 1, 12, 35; 6, 46; 14, 35). Die Einsamkeit am Kreuz inmitten der witzemachenden Soldateska ist bezeich-

* Anhänger des Kollektivismus, der das gesellschaftliche Ganze auf Kosten des einzelnen überbetont.

nend für sein Leben, ebenso das Gebet am Kreuz: »Mein Gott, mein Gott, warum hast du mich verlassen?« (Markus 15, 34). Vor allem im Johannesevangelium erscheint Jesus als der große Einsame, von dem eine ferne, fremde Hoheit ausgeht. Dieser Zug Jesu ist in seiner Umwelt etwas Ungewöhnliches. Der alttestamentlich-jüdische Mensch will nicht allein sein. Die Einsamkeit ist für ihn eine negative Größe[117]. Ähnlich ist es in unserer heutigen Massengesellschaft, in der der einsame Mensch als Sonderling und Außenseiter angesehen wird (»Anderssein ist unanständig!«)[118]. Man wertet die Einsamkeit ab und erwartet sozusagen von der Gruppe das Heil der Welt. Nicht wenige Theologen segeln im Kielwasser dieser Antieinsamkeit und meinen, Einsamkeit sei Sünde, der isolierte Mensch sei kein Mensch, der Mensch wird erst Mensch durch die Gemeinschaft.
Es ist keine Frage, daß die Einsamkeit zum Fluch werden kann (Matthäus 27, 1–5). Aber sie kann auch zur Sammlung, zur inneren Ruhe und zur Selbstfindung des Menschen führen. Zumal wenn sie zum Gebet wird, wie bei Jesus. Dann bleibt sie von der Pflege des eigenen Selbst und vom Stolz bewahrt. Man hat Jesus nicht selten eine aristokratische Einsamkeit angedichtet und hat sich von dem falschen Jesusbild des in marmorner Hoheit thronenden Himmelskönig verleiten lassen. Manche Theologen sprachen sogar in diesem Zusammenhang vom Stolz Jesu. Mit alledem hat der am Schandgalgen hängende Jesus von Nazareth nichts zu tun.

Selbstliebe und Selbstverleugnung

Hat Jesus sich selber geliebt, wie der Hippie-Jesus Herburgers? Es war nicht elitärer Stolz, wenn sich Jesus von den Menschen zurückzog. Auch nicht der Wunsch nach Seelenhygiene und Selbstpflege trieb ihn in die Einsamkeit, sondern er tat es, um sich zu sammeln und sich im Gebet Kraft zu holen für sein Heilswerk. Er war kein Egoist. Er war der »Anti-Egoist« schlechthin (*René Smeets*). Er hat sich für die anderen verzehrt. Aber kann man das, wenn man sich nicht selbst bejaht? Jesus sagt merkwürdigerweise nicht: »Du sollst Deinen Nächsten lieben, *nicht* Dich selbst!«, sondern er sagt: »Du sollst Deinen Nächsten lieben *wie* Dich selbst!« (Markus 12,

117. L. Köhler: Der hebräische Mensch, S. 123.
118. So charakterisiert Ortega y Gasset unsere Gesellschaft: Aufstand der Massen, rororo 280, vgl. S. 7–9.

31). Der Christ soll sich also selbst lieben, er soll sich selbst bejahen. Aber sagt nicht Jesus an anderer Stelle, er soll sich selbst verleugnen? (Matthäus 16, 24). Doch beides schließt sich merkwürdigerweise nicht aus, sondern ein. Nur wer sich selbst liebt, kann seinen Nächsten lieben. Nur wer zu sich selbst Ja sagt, kann zu seinem Nächsten Ja sagen. Nur wer mit sich selber identisch ist, kann anderen etwas sein, nur wer mit sich selbst eins ist, ist stark genug, sich dem anderen zuzuwenden. Nur ein starkes Ich kann sich hingeben. Wer kein Ich hat, kann sich nicht verleugnen.

Jesus ist auch hier Vorbild. Er macht nichts aus sich und bleibt gerade dadurch er selbst. Er hat ein starkes Ich, läßt sich aber deswegen nicht von seinem Ich an die Kette legen. Er geht mit sich selbst sparsam um – die Bescheidenheit ist ja der Grundzug seines Wesens; trotzdem tritt er selbstbewußt auf (1 B 1). Er war der einzige, der sich selbst bejaht hat, ohne sich selbst zu verfallen.

C. KONKRETION

Inmitten einer verbürgerlichten Christenheit gab es immer Menschen, die es gewagt haben, Jesus kompromißlos nachzufolgen: die *Heiligen*. Der Heilige ist ein unbürgerlicher Mensch. Nicht nur dadurch, daß er den Mut hat, anders zu sein als die anderen und sich über bürgerliche Konventionen hinwegzusetzen, sondern vor allem durch sein unbegrenztes Gottvertrauen und seine schrankenlose Liebe zu den Menschen. Nach dem Neuen Testament müßte jeder Christ so ein Heiliger sein.

Wir wählen zwei weniger bekannte Heilige aus, um das Gesagte zu verdeutlichen:

- Der französische Priester *Vincenz von Paul* (1576–1660) wurde schon in jungen Jahren in die Sklaverei verkauft. Durch sein eigenes Leiden wurden ihm die Augen geöffnet für das Leid der Mitmenschen. Nach seiner Freilassung pflegte er kranke Galeerensklaven. Er ließ sich für einen Sträfling auf die Galeere schmieden, der wegen Wildfrevels zu 6 Jahren Galeerenarbeit verurteilt war, während seine Familie verelendete. Später gründete Vincenz den bekannten Krankenpflegeorden der »Barmherzigen Schwestern«.

– In dem südfranzösischen Städtchen Aigues Mortes in der Camargue stößt man auf einen mächtigen runden Turm, der fast keine Fenster hat, den Tour de Constance (= Turm der Standhaftigkeit). Er diente als Gefängnis für evangelische Christen, die während der Hugenottenverfolgungen ihren Glauben nicht abschwören wollten. 1730 wurde hier ein achtzehnjähriges Mädchen, *Marie Durand*, wegen ihres Glaubens eingekerkert und achtunddreißig Jahre lang in dem Turm gefangengehalten. Sie hat das Wort »resister«* (»Widerstand leisten«) in die Mauer geritzt, das man heute noch dort sehen kann.

Fragen zum weiteren Nachdenken

1. Was bedeuten uns die beiden Heiligen, wenn wir versuchen, inmitten einer verbürgerlichten Welt Jesus nachzufolgen? Sind sie einmalig oder übertragbar? Ermutigen sie uns, die »Gegengesellschaft« Jesu Christi zu realisieren, oder entmutigen sie uns?

2. Sagt uns das Schicksal der Hugenottin Marie Durand noch etwas im Zeitalter der ökumenischen Verständigung? Gibt es etwas Gemeinsames zwischen dem katholischen Priester Vinzenz von Paul und der evangelischen Märtyrerin Marie Durand, das uns verpflichtet?

3. Heilige sind Menschen, die die Brücken hinter sich abgebrochen haben, Menschen, die sich ein für allemal entschieden haben. Stellt uns ihre Entschiedenheit nicht in Frage, die wir so gerne mit dem Zweifel kokettieren, den intellektuellen Schaukelstuhl des Einerseits–Andererseits lieben und uns um die Entscheidung drücken?

4. Erkennen wir uns in folgenden Sätzen des Apostels Paulus wieder, in denen er die unbürgerliche Existenz des Christen beschreibt?

»In allem erweisen wir uns als Diener Gottes
durch Ehre und Schande
durch üble Nachrede und gute Nachrede
als Irrlehrer und doch wahrhaftig
als Unbekannte und doch bekannt
als Sterbende und siehe wir leben

* Eigentlich »recister«.

als Gezüchtigte und doch nicht getötet
als Betrübte, aber allezeit fröhlich
als Arme, die aber viele reich machen
als die, die nichts haben und doch alles haben« (2. Korinther 6, 4, 8–10).

Fünfter Abschnitt

JESUS, GOTTMENSCH UND ERLÖSER

Das kirchliche Jesusbild

EINSTIEG

»Ich glaube an Jesus Christus
der recht hatte, als er
›ein einzelner, der nichts machen kann‹
genau wie wir
an der veränderung aller zustände arbeitete
und darüber zugrundeging.

an ihm messend erkenne ich
wie unsere intelligenz verkrüppelt
unsere phantasie erstickt
unsere anstrengung vertan ist
weil wir nicht leben wie er lebte.

jeden tag habe ich angst
daß er umsonst gestorben ist
weil er in unseren kirchen verscharrt ist
weil wir seine revolution verraten haben
in gehorsam und angst
vor den behörden.

ich glaube an jesus christus
der aufersteht in unser leben
daß wir frei werden
von vorurteilen und anmaßung
von angst und haß
und seine revolution weitertreiben
auf sein reich hin.«

Dieses – dem Kölner »Politischen Nachtgebet« (1969) entnommene – moderne Glaubensbekenntnis ist ein einziger Protest gegen den *Christus der Kirche*, diese »Kunstfigur« der Theologen, wie *Augstein* sagt. Die Kritik an dem Katechismuschristus der Kirche artikuliert sich nicht nur in neuen Glaubensbekenntnissen, sondern auch in der Christusdarstellung der modernen Kunst: Man denke an den Christus mit Gasmaske oder an den Christus mit den abgehackten Händen und Füßen! Ein typischer Protestchristus ist auch *Salvador Dalis* Christusriese, der auf dem Bild »Das ökumenische Konzil« wie ein anarchistischer Berserker in die Peterskirche einbricht, während die Welt einstürzt. Ein Affront gegen den mit Weihrauch eingeschläferten Christus in unseren Kirchen! Gegen den herkömmlichen Christus der Kirche richtet sich auch der »technische« Christus von *René Smeets*, den er als Magnet, Mikrophon, Antenne und Vergrößerungsglas Gottes oder als Astronaut darstellt.

Während noch viele dem Christus der Kirche eine mürrische Reverenz erweisen oder in höflichem Desinteresse gegenüberstehen, sind andere nicht mehr bereit, dieses lästige Erbe weiter mitzuschleppen.

Es läuft daher in diesem Jesusbuch alles auf die Frage hinaus: Wer ist eigentlich dieser Christus der Kirche, von dem sich so viele empört oder gelangweilt abwenden? Ein rührseliges Requisit aus der Theologiegeschichte? Ein Schreibtischprodukt von Theologen? Ein leeres Formelgehäuse? Die Verwandlung eines Menschen in eine Paragraphensammlung? Oder ist er ganz einfach nur ein Popanz, den man sich aufgebaut hat? Hat der englische Theologe *J. A. Robinson* recht, wenn er meint, dieser Jesus der Tradition sei eigentlich kein Mensch, sondern ein Gott, der sich als »Mensch verkleidet« hat »wie ein Weihnachtsmann«? Durch die traditionelle Lehre von der Menschwerdung Gottes sei »die göttliche Substanz in das Fleisch eingetaucht und mit Fleisch überzogen worden wie mit einer Schicht aus Schokolade oder Silber«?

A. INFORMATION

1. Das Christusbild der Tradition: Zwei Naturen in einer Person

*Das altkirchliche Christusdogma**

Die Monarchianer

In der Christologie (Christuslehre) der Alten Kirche wurde schon sehr früh das wichtige Problem diskutiert, ob Jesus Gott war und wie sich seine Gottheit zu seiner Menschheit verhält. Um 200 n. Chr. gab es bereits drei verschiedene Formen von Christologie, die dieses Problem ganz verschieden lösten. Auf der einen Seite standen Theologen, die Jesus als göttliches Wesen von Gott abtrennten und Gott unterordneten. Anders die sogenannten *Monarchianer* oder Verfechter der *Einzigkeit* Gottes. Ihnen ging es vor allem darum, daß Jesus kein Gott Nr. 2 neben dem Vater ist. Für die sogenannten *dynamistischen*** *Monarchianer* ist Jesus lediglich ein mit einer unpersönlichen Kraft begabter Mensch, während die sogenannten *modalistischen**** *Monarchianer* in Jesus nur eine Erscheinungsform oder Maske des Vaters, also nicht eine Person für sich erblicken. Erstere sehen in Christus nur einen gewöhnlichen Menschen, letztere lediglich einen Aspekt Gottes, kein Wesen für sich. Damit war die Frage nicht gelöst. Jesus wird im Neuen Testament einerseits als selbständiges Wesen verstanden, andererseits mit Gott identifiziert (vgl. oben 2 B 1).

Origenes – Arius – Nizäa – Konstantinopel

Neue Impulse kamen u. a. von dem Theologen *Origenes* (185 bis 254). Er bezeichnet Christus erstmals als »Gottmenschen«. Christus, der Sohn Gottes, ist zwar mit dem Vater »wesensgleich«, aber er ist nicht »Gott selbst«, sondern ein »zweitrangiger Gott« und ein »Geschöpf«.

Nach langem Hin und Her kam im Jahre *325* eine Entscheidung zustande. Das *Konzil von Nizäa* erklärte, Christus sei »wesensgleich« mit dem Vater, also identisch mit Gott. Die Formel, die von Origenes stammt, richtet sich gegen den Theologen *Arius*, der aber auch seinerseits von der Theologie

* Dogma = Glaubenssatz.

** Vom griechischen dynamis = Kraft.

*** Vom lateinischen modus = Art, Erscheinungsform.

des Origenes beeinflußt war. Für Arius ist der Sohn Gottes Jesus Christus lediglich ein »vollkommenes Geschöpf«, das von Gott adoptiert wurde; er ist nicht identisch mit Gott, sondern eine Art Halb-Gott, ein Zwitterwesen, nicht ganz Gott und nicht ganz Mensch. Ähnlich bestreiten seine Anhänger, die Arianer, die Gottheit Jesu.
Hinzu kam das Problem, wie sich der Hl. Geist zu Gott verhalte. Mit dem *Konzil von Konstantinopel (381)* wurde die Lehre von der Dreieinigkeit Gottes abgeschlossen. Demnach sind Vater, Sohn und Heiliger Geist drei verschiedene Personen, die aber doch wesensgleich sind. Gott hat *drei* Personen, und er ist doch nur ein *einziges* Wesen, er hat *drei* Personen und doch nur *eine* Natur.

Chalzedon

Nach dem *Konzil von Chalzedon (451)* sind diese eine göttliche Natur Christi und seine menschliche Natur »unvermischt« und »ungetrennt«; Jesus Christus eignen also »zwei Naturen«, eine göttliche und eine menschliche, aber er ist doch nur »eine einzige Person«. Man grenzt sich dadurch gegen zwei Irrlehren ab, die Irrlehre der *Nestorianer*, die die Gottheit und Menschheit Jesu zertrennen und die der *Monophysiten*, die seine Menschheit in seine Gottheit hinein auflösen und beide vermischen. Das Konzil bekennt: Jesus Christus ist »wesensgleich mit dem Vater nach der Gottheit« und »mit uns (Menschen) nach der Menschheit«. Er ist wahrer Gott, aber auch echter Mensch, kein Scheinmensch, wie die Monophysiten meinten.
Viele fragen heute, was haben diese schwindelerregenden Begriffsgebäude noch mit dem Jesus der Evangelien zu tun? Hat man diesen Jesus des Neuen Testaments nicht mit einem Drahtgeflecht von Theorien umgeben, so daß er selber in Vergessenheit geriet? Doch die reichlich komplizierten Gedankengänge der altkirchlichen Christologie wollen keine müßigen Spekulationen, sondern *Glaubensbekenntnisse* sein. Für die Verfechter des altkirchlichen Dogmas steht der *Glaube an Jesus* auf dem Spiel: Wenn nämlich Jesus nicht *Gott* war, sondern bloß ein Mensch, konnte er die Menschen nicht erlösen. Der Mensch kann sich nicht selber erlösen. Dieses Dogma war also kein lebensfremdes Schreibtischprodukt. Es hatte einen »Lebenswert«. Dabei hat man sich freilich nicht selten in die dünnkalten Höhen der Abstraktion verstiegen und Christus in ein Begriffsnetz gefangen. Man konnte in

der alten Kirche das Christusereignis aber auch konkreter, unkomplizierter und biblischer formulieren, wie etwa im Apostolischen Glaubensbekenntnis.

Das Apostolische Glaubensbekenntnis

Das Apostolische Glaubensbekenntnis wird bekanntlich heute noch im Gottesdienst gebetet. Es entstand aus dem altrömischen Glaubensbekenntnis, das vermutlich schon im 2. Jahrhundert nach Christus entstanden ist. Im Unterschied zu den ungeschichtlich anmutenden Abstraktionen des altkirchlichen Dogmas sieht das Apostolische Glaubensbekenntnis das Christusereignis als *Geschichte*, daher die nach unten und oben gehende »Lebenslinie« Jesu Christi, seine *Erniedrigung* und *Erhöhung*. Eine Skizze soll das veranschaulichen:

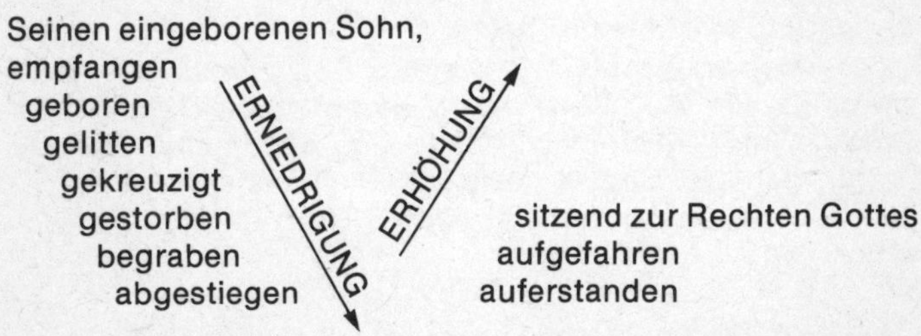

In der späteren Christologie sprach man von den »zwei Ständen« Christi, seinem »Stand der Erniedrigung« und seinem »Stand der Erhöhung«. Während die Zweinaturenlehre das *Wesen* Christi bedenkt, will diese Zweiständelehre seine *Geschichte* nachzeichnen.

Luthers Auslegung des zweiten Artikels des apostolischen Glaubensbekenntnisses

Luther hat im *Kleinen Katechismus* in der Auslegung zum zweiten Glaubensartikel das »Wesen« Christi und seine »Geschichte«, die er mit uns Menschen macht, *in eins geschaut*. Er sagt hier:

»Ich glaube, daß Jesus Christus,
wahrhaftiger Gott
vom Vater in Ewigkeit geboren
und auch wahrhaftiger Mensch
von der Jungfrau Maria geboren,
sei mein Herr,
der mich verlornen und verdammten Menschen
erlöset hat, erworben, gewonnen von allen Sünden,

vom Tode und von der Gewalt des Teufels,
nicht mit Gold oder Silber,
sondern mit seinem heiligen, teuren Blut
und mit seinem unschuldigen Leiden und Sterben;
auf daß ich sein eigen sei
und in seinem Reich unter ihm lebe und ihm diene
in ewiger Gerechtigkeit, Unschuld und Seligkeit,
gleichwie er ist auferstanden vom Tode,
lebet und regieret in Ewigkeit.
Das ist gewißlich wahr.«

In der ihm eigenen Knappheit und Prägnanz wird Antwort gegeben auf die Frage, *wer* Jesus ist (sein Wesen!), *was* er getan hat (seine Geschichte) und *wozu* er das alles getan hat (Lebenswert!).

Aufklärung und liberale Theologie

In der Aufklärung (18./19. Jahrhundert) und der liberalen Theologie (19./20. Jahrhundert) wird die altkirchliche Christologie und Dreieinigkeitsvorstellung einer scharfen Kritik unterzogen. Die Gottheit Jesu wird weithin bestritten. Jesus gilt nicht selten nur noch als Urbild oder Vorbild des Menschen.

2. Christusbilder der gegenwärtigen Theologie: Christus, der Herr, der Herr als Knecht, das Wort Gottes, das Neue Sein, der Befreier.

Aus der Vielfalt christologischer Entwürfe der gegenwärtigen Theologie sollen nur fünf herausgegriffen werden. Sie wollen die traditionelle Christologie zum Teil aktualisieren, zum Teil korrigieren. Wir beginnen und schließen mit einem katholischen Christusbild und führen drei evangelische Christusbilder auf.

Romano Guardini: Christus der Herr

Das Christusbild des katholischen Theologen (und Philosophen) *R. Guardini* (1885–1968) ist stark der Tradition verpflichtet. Trotzdem versucht er, einfach den Jesus des Neuen Testaments nachzuzeichnen, ohne auf die vorgezimmerten Schubladen der traditionellen Christologie zurückzugreifen und ohne deren eingeschliffene Begriffe zu verwenden. Wie der Titel seines berühmten Jesusbuches »Der Herr« zeigt, denkt er entscheidend vom »Herrentum Christi« her. Jesus ist für ihn wesentlich der *Herr*. Ein freilich unnahbar-entrückter, in den Azur verschwebender Herr – wie es scheint –, der die menschlichen Züge des niedrigen Christus der Evangelien vermissen läßt. Er redet vom »Adel« Christi und beschreibt ihn wie folgt: »Nie wird ein Hauch von Furcht an Ihm fühlbar, nie ein Ausweichen, nie eine falsche Klugheit. Ebensowenig aber ein Prunken oder Sich-Zeigen, Gewaltsamkeit oder Lärm, Ungerechtigkeit oder Blindheit. Er ist ganz schlicht, mit sich selbst eins, ruhig und sicher.« »Er bedarf weder eines Helfers noch eines Halts und steht, erschreckend einsam, in sich allein.« Er ist »jedem Anderen unerreichbar«. »Niemanden kann er neben sich haben – deshalb, weil er so wahrhaft der Herr ist[119].« Oben in 4 B 1 lernten wir ein ganz anderes katholisches Jesusbild der Gegenwart kennen, *Adolf Holls* »Jesus in schlechter Gesellschaft«. Wichtig ist, welche Absicht Guardini mit seinem Jesusbild verfolgt. Er will »die Gewohnheit wegstreifen, die in Ihm den durch zwei Jahrtausende vertrauten ›lieben Heiland‹ ... sieht«[120], und uns mit dem fremden, unvertrauten, ganz anderen Jesus konfrontieren.

Karl Barth: Christus, der Herr als Knecht

Der evangelische Theologe *Karl Barth* (1886–1968) hat wohl wie kein Theologe der Gegenwart die Ausschließlichkeit Christi betont. Im Anschluß an die Reformation dringt er immer wieder darauf, daß in Christus und in Christus *allein* die Gnade Gottes offenbar wird und daß ohne ihr. er Mensch einer heillosen Gottesfinsternis verfällt. Der Mensch kann nicht zu Gott kommen. Gott kommt zum Menschen. In Jesus Christus. Dabei deutet Barth die Zweinaturenlehre von der Zweiständelehre her. Ungewöhnlich dabei ist, daß er den Stand der Erniedrigung – nicht etwa den Stand der Erhöhung – mit der Gottheit Christi gleichsetzt und umgekehrt den Stand der Erhöhung mit seiner Menschheit. Gerade in der *Erniedrigung* besteht nach Barth das *Wesen* Gottes, gerade in der *Mitmenschlichkeit* erweist sich *Gottes Gottheit*. Im Unterschied zu den »falschen Göttern«, die etwas Besseres sein wollen, ist Jesus gerade darin »wahrer Gott«, daß er sich erniedrigt. Er ist

119. R. Guardini: Glaubensbekenntnis, 1949, Herderbücherei 141, S. 48, 55.
120. R. Guardini: Der Herr, 11. Aufl. 1959, S. 469.

»der Herr als Knecht«. Gerade in seiner Knechtsgestalt offenbart er sich als Herr. Daß Jesus Christus »wahrer Gott *und* wahrer Mensch ist«, bedeutet also: er ist »der Herr, der Knecht, und der Knecht, der Herr wurde«. Er ist »der versöhnende Gott und der versöhnte Mensch« in einem und darin Mittler zwischen Gott und Mensch und der Bürge unserer Versöhnung[121].

Rudolf Bultmann: Christus, das Wort Gottes

Radikal in Frage gestellt wird die traditionelle Christologie durch das Entmythologisierungsprogramm *R. Bultmanns* (1884–1976). Mit der Mythologie* des Neuen Testaments, von der man sich frei machen soll, ist das Dreistockwerke-Weltbild (Unterwelt-Welt-Himmel), wie überhaupt alles gegenständliche Reden von Gott gemeint. Das mythologische Weltbild der Bibel ist für den modernen Menschen vergangen. Da man von ihm nicht verlangen kann, daß er »für seinen Glauben ein Weltbild bejaht, das er sonst in seinem Leben verneint«, muß das Neue Testament entmythologisiert werden. Wenn das biblische Dreistockwerke-Weltbild entfällt, entfallen aber mit ihm alle Aussagen des Neuen Testaments, die nur innerhalb dieses Weltbildes sinnvoll sind, wie etwa Christi Himmelfahrt, Höllenfahrt, seine leibliche Auferstehung, seine Wiederkunft usw. Entscheidend sind für Bultmann nicht einzelne Heilstatsachen, sondern die Tatsache, daß Jesus Christus das »entscheidende Heilsereignis« ist. Wichtig ist nicht, *wer Jesus Christus war*, sondern wichtig ist allein, *daß* er mir *hilft.* Alles im Neuen Testament ist von dieser Fragestellung her zu deuten. Bultmann nennt diese Deutungsweise »existentiale Interpretation«. Existentiale Interpretation des Neuen Testaments heißt, der Text muß nach seiner Bedeutsamkeit für den Menschen gedeutet werden, der Mensch muß durch den Text zu sich selbst finden, er muß beim Lesen und Hören des Textes spüren: Hier bin ich gemeint[122].
An der Vergangenheit Christi ist Bultmann nur die Tatsache,

* = Mythologie kommt von Mythos = Göttersage.

121. K. Barth: Kirchliche Dogmatik IV, 83, 148.
122. R. Bultmann: Neues Testament und Mythologie, in: Kerygma und Mythos I; Das Verhältnis der urchristlichen Christusbotschaft zum historischen Jesus, S. 9.

daß er gekommen ist, wichtig, nicht das Wer, Wo, Wann, Was Christi. Alles Gewicht fällt auf die Gegenwart, wo Christus in der Predigt des Wortes Gottes den Menschen in die Entscheidung ruft. Bultmann versteht daher Christus wesentlich als »das Wort Gottes«. Christus ist Gott, insofern Gott in ihm zu Worte kommt[123].

Paul Tillich: Christus, das Neue Sein

Der evangelische Theologe *P. Tillich* (1886–1965) geht nicht von dem Gegen-Satz der altkirchlichen Christologie, *Jesus ist wahrer Gott und wahrer Mensch zugleich*, aus, sondern seine Christologie ist von einem anderen Gegen-Satz durchspannt: *Jesus ist der wahre Mensch und der wirkliche Mensch zugleich*. Er ist der Mensch, wie er sein soll, und der Mensch, wie er wirklich ist. Er repräsentiert den Idealmenschen und lebte zugleich unter den Bedingungen des gefallenen Menschen. Obschon er mit Gott eins ist, geht er den Weg des Menschen in die Entfremdung von Gott mit. Warum geht er diesen Weg mit? Um den gottentfremdeten Menschen einzuholen und heimzuholen zu Gott, so daß der Mensch wieder wird, was er sein soll, nämlich mit Gott eins. Jesus kann also diese Entfremdung nur dadurch *rückgängig* machen, daß er denselben Weg *zurückgeht*, den der Sünder zurücklegte. In Tillichs »niedriger Christologie« steht und fällt das Heilswerk mit diesem Niedrigkeitsweg Christi. Tillich lehnt von diesem Niedrigkeitsweg her die Vorstellung von Jesu göttlicher Natur und Gottheit ab. »Erlösung kann« nach Tillich »nur von dem kommen, der voll an der menschlichen Situation partizipiert, nicht von einem auf Erden wandelnden Gott«. – Aber war der altkirchliche Christus ein auf Erden wandelnder Gott?
Christus bringt nach Tillich das *»Neue Sein«*, das darin besteht, daß der Mensch nicht mehr von Gott *entfremdet*, sondern mit Gott und damit mit sich selbst und der Welt *eins* ist. Das Neue Sein, das Jesus Christus ist und vermittelt, ist die *Wiedervereinigung des Menschen mit Gott, mit sich selbst und mit der Welt, und damit die Menschwerdung des Menschen*[124].

123. R. Bultmann: Glaube und Verstehen II, 3. Aufl. 1961, S. 258.
124. P. Tillich: Systematische Theologie II, 3. Aufl. 1958, S. 103ff.

Leonardo Boff, Gustavo Gutiérrez: Christus, der Befreier

Die katholischen Theologen *L. Boff* (geb. 1938) und *G. Gutiérrez* (geb. 1928) sind maßgebliche Vertreter der lateinamerikanischen »Theologie der Befreiung«, die im Begriff ist, die Theologie der dritten Welt zu werden.

Nach L. Boff erleben heute »viele Christen Lateinamerikas« in ihrer »Glaubenserfahrung« Christus als den »Befreier«. Der herkömmliche Glaube steht immer wieder in Gefahr, »aus der Gestalt Jesu eine Ikone* zu machen und die befreiende Bedeutung« seiner Solidarität mit den sozial Geächteten seiner Zeit »auszumerzen«. Das Reich Gottes, das Christus bringt, ist im lateinamerikanischen Befreiungsprozeß am Werk. Im Leiden der Entmenschten, Versklavten und Gefolterten Lateinamerikas »wird das Leiden unseres Herrn Jesus Christus heute anonym Geschichte«[125].

Auch *Gutiérrez* sieht in Christus den »Befreier«. Er befreit nicht nur von der Sünde, sondern auch »von all ihren Folgen: von Ausbeutung, Ungerechtigkeit und Haß«. Daher hat das Befreiungswerk Christi soziale Tragweite. Erlösung von Sünde ist Erlösung von sozialem Unrecht oder sie ist keine Erlösung[126].

B. PROBLEMSKIZZE

1. Wie ist das altkirchliche Christusdogma mit dem Christusverständnis des Neuen Testaments vereinbar? Hat das Neue Testament ein einheitliches Christusbild oder findet man nicht in ihm ganz verschiedenartige Christologien?**

Das Neue Testament ist kein Buch, sondern eine Bibliothek. Es ist kein Werk aus einem Guß, sondern es besteht aus ganz verschiedenen Schriften – je nach der Situation, in die hinein

* = Heiligenbild.
** Christologie = Lehre von Christus.

125. L. Boff: Rettung in Jesus Christus und Befreiungsprozeß, Concilium 10 H. 6/7, 1974, S. 420ff.
126. G. Gutiérrez: Theologie der Befreiung, 1973, S. 135, 147f.

und aus der heraus sie geschrieben wurden. Es hat daher keine einheitliche Theologie, sondern fällt in ganz verschiedene Theologien auseinander. Entsprechend findet man im Neuen Testament kein einheitliches Christusbild, sondern eine bunte Vielfalt von Christusbildern. Man wirft dem altkirchlichen Dogma vor, es habe diesen bunten Bilderbogen mit dem grauen Spinnennetz einer Einheitschristologie überzogen. Kurz ein Blick auf die Vielfalt neutestamentlicher Christologien:

Die Jesusbilder des Neuen Testaments

- Für *Markus* ist Jesus der geheime *Gottessohn*; wir kamen schon darauf zu sprechen, daß Jesus im Markusevangelium seine Hoheit verheimlicht.
- *Matthäus* sieht in Jesus in erster Linie den *niedrigen Messias* (Matthäus 21, 5) bzw. den *Lehrer der Kirche* (Matthäus 23, 8[127])
- Für *Lukas* ist er vor allem der *Heiland der Sünder*, der *Retter der Armen*, der *Anwalt der Deklassierten* (Lukas 7, 36ff.; 10, 25ff.; 15, 11–32; 16, 19ff.; 18, 9ff.). Wenn man bedenkt, daß Lukas auch die Apostelgeschichte verfaßt hat, die den Lauf des Evangeliums durch die Welt beschreibt, so könnte man seinen Christus auch als den *Heiland der Welt* bezeichnen. Das entspricht durchaus der Grundtendenz seines Evangeliums, in dem ja die Mission und die weltweite Geltung der Botschaft Jesu eine große Rolle spielt.
- *Johannes* versteht Jesus in erster Linie als den *Offenbarer des Vaters*[128].
- *Paulus* erblickt in Jesus vor allem den *Befreier vom Gesetz* bzw. den *gekreuzigten und auferstandenen Herrn* (Kyrios).
- Im Hebräerbrief gilt Jesus als der *Hohepriester*, der sich selbst opfert.
- Die Offenbarung versteht Jesus vor allem als den *Allherrscher* (Pantokrator).

Schon dieses kurze Streiflicht durch das Neue Testament zeigt, wie verschieden es von Christus denkt. Stehen diese verschiedenen Christologien beziehungslos nebeneinander, so daß das Neue Testament eine Art Selbstbedienungsladen wäre, aus dem sich jeder holen kann was er will? Oder gibt es

127. G. Bornkamm: Bibel. Das Neue Testament, S. 71 ff.
128. A. Strobel in: Kontinuität im Umbruch, hg. v. Andersen-Angermeyer, 1972, S. 65.

eine Konstante in diesen vielfältigen Christologien, einen allen gemeinsamen Grundgedanken, einen »Nagel«, an dem man sie alle aufhängen kann?

Die Konstante in den Variablen: Christus, der Heillosen Heil

Wenn man die neutestamentlichen Christologien hinterfragt nach ihrem *Ziel* und *Zweck*, dann wird in ihnen eine Einheit in und trotz aller Vielfalt sichtbar. Der gemeinsame Grundton, der aus dem vielstimmigen Chor neutestamentlicher Christologien mehr oder weniger deutlich herauszuhören ist, ist der: *Gott hat in Christus uns zum Heil gehandelt*, und zwar in Christus *allein. Christus ist der Heillosen Heil. Er allein ist der Erlöser.* Oder wie auch immer man die Mitte des Neuen Testaments, um die alle seine »Theologien« rotieren, umschreiben will. (Siehe oben 2 B 3.)

Das altkirchliche Christusdogma wollte nichts anderes als diese Zielaussage des Neuen Testaments mit den Begriffen seiner Zeit umschreiben. *Jesus Christus und er allein ist unser Heilbringer*, das ist der perspektivische Fluchtpunkt aller seiner komplizierten Spekulationen über die zwei Naturen in einer Person. Dasselbe wollen mit den Begriffen unserer Zeit die in A 2 verhandelten Theologen der Gegenwart.

Der Glaube an Christus ist kein Glaube an eine Christologie

Es ist im Grunde gleichgültig, mit *welchen Begriffen* man die Mitte des Neuen Testaments umschreibt, wichtig ist, daß man diese seine Mitte fest im Auge behält. Begriff und Begriffenes ist hier streng zu unterscheiden. Der je neu begegnende Christus ist in je neue Begriffe zu fassen, aber es bleibt *derselbe*, der in immer anderen Begriffen erfaßt wird. Der Glaube an Christus ist nicht an eine bestimmte Sprachgestalt gebunden, sie ist im Neuen Testament verschieden und kann und soll auch heute verschieden sein. Der Glaube an Christus darf nicht mit dem Glauben an eine bestimmte Christologie verwechselt werden. Das gilt auch von der altkirchlichen Christologie. Sie ist nicht mehr und nicht weniger als ein Baugerüst. Man kann nicht das Gerüst stehen lassen, wenn das Haus gebaut ist. Da die Begriffe »Natur« und »Person« heute etwas anderes aussagen als in der Tradition, wird es gut sein, sie durch andere Begriffe auszuwechseln. Durch welche sie ersetzt werden können, zeigen die oben in A 2 genannten heutigen Christologien. Der evangelische Theologe *Emil Brunner* schlägt vor, anstelle der zwei Naturen Christi einfach zu sagen: *Jesus war wahrer Gott und wahrer Mensch.* Aber *das* nachzuweisen ist ja gerade Sinn und Ziel des traditionellen Christusdogmas.

Das bleibende Recht des altkirchlichen Dogmas

Kern und Stern des altkirchlichen Dogmas ist die Tatsache: Jesus ist wahrer Gott und wahrer Mensch zugleich. Wäre Christus nur ein Mensch oder Halbgott und nicht wahrer Gott, dann hätte er die Menschen nicht erlösen können. Denn der Mensch kann sich selbst nicht erlösen. Aus dem Gefängnis des Bösen kann der Mensch sich nicht selber befreien (2 B 1 und 3). Er kann sich aus diesem Gefängnis nicht von *innen* befreien, er muß von *außen* befreit werden, also von einem, der nicht nur Mensch ist, der Gott ist. Christus ist dieser Befreier, wie das in allen seinen sozialen Konsequenzen die lateinamerikanische Befreiungstheologie wieder neu erkannt hat.

Um uns zu erlösen, muß Jesus Christus aber nicht nur wahrer Gott, er muß auch wahrer Mensch, er muß auch ein echter Mensch sein. Tillich hat das mit allem Nachdruck immer wieder betont, so sehr er die theologische Wichtigkeit der Gottheit Jesu übersieht. Wäre Jesus mit uns den Weg in die Entfremdung nicht wirklich bis zu Ende mitgegangen, dann hätte er unsere Entfremdung nicht einholen, überholen und damit zu einer überholten Sache machen können. Wäre er diesen Weg in die Fremde nicht mitgegangen, dann hätte er sie nicht besiegt. Nur weil Gott kein monophysitischer Scheinmensch, sondern ein *wirklicher* Mensch wurde, bildlich geredet: nur weil er ins Lochgefängnis des Menschen *hinuntergestiegen* ist, konnte er ihn aus diesem befreien. Oben im 2. Abschnitt B 1 sprachen wir schon von diesem Abstieg, dieser *Kondeszendenz* Gottes. Die Hoheit Gottes versteckt sich unter dem Gegenteil, unter seiner Niedrigkeit, sagten wir dort mit Luther. Jesus Christus ist Herr *als* Knecht (*Karl Barth*). Er hätte die Menschen nicht heraufholen können aus ihrem Elend, wäre er nicht vorher in ihr Elend hinuntergestiegen und Mensch geworden.

Das falsche Christusbild der traditionellen Frömmigkeit

Obschon das Konzil von Chalzedon gegen die Monophysiten betont, Christus sei mit uns Menschen wesensgleich und voller Mensch gewesen, hat sich in der traditionellen Christologie und Christusfrömmigkeit immer wieder ein monophysitisches Denken eingeschlichen. Der menschlich-mitmenschliche Christus der Evangelien wurde zum unnahbaren, von Weihrauchschwaden umkräuselten Himmelskönig emporsakralisiert. Zwischen ihn und die Menschen schoben sich die Heiligen und andere Instanzen. Dieser schleichende Monophysitismus schlägt sich wohl am deutlichsten in der byzantinischen Kunst nieder. Was hat der fast unmenschliche Supermensch, wie er uns im starren unverrückbaren Mosaik byzantinischer Kirchen gegenübertritt, mit dem Jesus der Evangelien zu tun? Sosehr sich in der byzantinischen Kunst der Sieg Christi über die Welt ausspricht, macht sie nicht ernst mit seiner Menschlichkeit. Anders der leidzerbrochene gotische Christus oder der soziale Christus auf Rembrandts Hundertguldenblatt oder der Chagallsche Gekreuzigte, der am Anfang des Kapitels 1 abgebildet ist! Das gegenwärtige außerchristliche Jesusbild (1.–4. Abschnitt) hat einen wichtigen Wesenszug des biblischen Jesusbildes wiederentdeckt, der in der christlichen Tradition vernachlässigt wurde: die *Menschlichkeit* Jesu. Dieses außerchristliche Jesusbild ist sozusagen die Quittung auf eine Hoheitschristologie, in der die Menschheit Jesu von seiner Gottheit erdrückt wurde. In dem in Kapitel 1–4 verhandelten außerchristlichen Jesusbild spricht sich der Wunsch des modernen Menschen nach einem menschlichen, mitmenschlichen, partnerschaftlichen Christus aus. Nur der niedrige Christus des Neuen Testaments, der keine göttliche Aura hat, weil sich seine Gottheit in seiner Menschheit verbirgt, sagt dem heutigen Menschen noch etwas. Der mitleidlose Supermensch der byzantinischen Christologie, wie er die christliche Frömmigkeit bis heute bestimmt, läßt ihn kalt.

Jesus läßt alle Jesusbilder hinter sich

Aus dem allem geht hervor: Jedes Jesusbild erfaßt nur *einen* Aspekt Christi, keines den *ganzen* Christus. Das gilt vom jüdischen, humanistischen, marxistischen und Jugend-Jesusbild genauso wie von den verschiedenen Jesusbildern der Theologie und Kunst, wie wir sie besprochen haben. Jesus läßt alle Jesusbilder hinter sich. Er ist immer ganz anders. »Es gibt keinen Maßstab für Christus. Den Maßstab setzt ER selbst« (*R. Guardini*).

2. Ist Jesus ein »Es war einmal« oder Gegenwart? Ist nur wichtig an ihm, *daß* er gekommen ist, oder auch das »Wer, Wo, Wann und Was«?

Es geht hier nicht nur um die Bultmannsche Christologie, sondern um ein Problem, das querbeet durch die oben in A 2 genannten theologischen Christusbilder hindurchgeht. Bultmann hat dieses Problem freilich am eindringlichsten artikuliert.

Christus als Gegenwart

Bultmann ist vom Neuen Testament her darin unbedingt zuzustimmen: Jesus ist kein fernes Märchen, sondern Gegenwart (vgl. oben 2 C!). Das Christusgeschehen ist kein Ereignis, das sich irgendwann einmal vor fast 2000 Jahren begeben hat und das der Mensch von heute wie ein neutraler Zuschauer betrachten kann. Sondern es ereignet sich bis heute. Der Mensch ist zu sehr in diesem Geschehen drin, als daß er es »überblicken« könnte. Dieses Christusgeschehen ist kein Schauspiel, das der Mensch aus einer neutralen Abstandshaltung heraus betrachten könnte und von dem er säuberlich durch eine Zuschauerrampe getrennt wäre, sondern es ist rampensprengendes Ereignis. Es kann nicht – gemütlich auf dem Stuhl sitzend – angeschaut werden, sondern es reißt den Betrachter vom Stuhl. Dieses Geschehen ist etwas, was den, der sich darauf einläßt, ganz und gar beansprucht. Hier gibt es keine Neutralität. Bultmann richtet sich mit Recht dagegen, daß von Christus nur eine Erinnerung bleibt an ein fernes, in seiner mythenalten Fremdheit rührendes Geschehen, das für mein eigenes Leben unverbindlich ist. So gesehen dürfte man eigentlich nicht fragen (wie wir es im Titel dieses Buches getan haben): »Wer *war* Jesus?« sondern »Wer *ist* Jesus?«

Kreuz und Auferstehung als Heilsgrund

Obwohl alles Gewicht auf die Gegenwart fällt, lebt sie aber doch von der Vergangenheit. Das Heil, das Christus *hier* und *heute* bringt, hat er *damals* erworben, und zwar durch das *Kreuz* und die *Auferstehung*. Das Heil basiert nach dem Neuen Testament nicht nur darauf, *daß* er gekommen ist, sondern darauf, daß er *gekreuzigt* und *auferweckt* wurde. Bei Bultmann schrumpft die neutestamentliche Heilslinie, wie sie im Apostolischen Glaubensbekenntnis nachgezeichnet wird, zum abstrakten, mathematischen Punkt des »Daß«. Dadurch bekommt seine Theologie einen ungeschichtlichen Zug. Nach dem Neuen Testament hat das Christusgeschehen aber mindestens zwei Punkte, mit denen das Heil steht und fällt: Kreuz und Auferstehung. In den Evangelien zielen alle Aussagen auf diese beiden Heilstaten Kreuz und Auferstehung. Ebenso bei Paulus (Römer 4, 25; 5, 10; 6, 3ff.; 1. Korinther 15, 3–6; Galater 6, 14; 1. Korinther 15, 14) und in der Apostelgeschichte (2, 23f.; 3, 15; 4, 10 usw.). Die im Apostolischen Glaubensbekenntnis aufgezählten Ereignisse sind also nicht in gleicher Weise wichtig. Sie weisen entweder auf das Kreuz hin oder auf die Auferstehung zurück.

3. Hat Gott drei Personen und eine Natur? Ist das altkirchliche Dreieinigkeitsdogma biblisch? Ist es ein müßiges Schreibtischprodukt oder doch nötig?

Nach dem altkirchlichen Dogma hat Gott drei Personen und doch nur ein einziges Wesen. Warum ist er *drei* und doch nur *einer*? Warum nicht einfach nur *einer*? Widerspricht das nicht dem 1. Gebot, demzufolge Gott nur ein einziger ist? Hat der komplizierte Irrgarten des altkirchlichen Dreieinigkeitsdogmas nicht eher Verwirrung gestiftet als daß er Klarheit geschaffen hätte? Welchen Stellenwert hat es? Ist es ein Requisit, eine Behelfskonstruktion oder gar unfehlbarer Glaubenssatz?

Der Sinn des Dreieinigkeitsdogmas

Die traditionelle Dreieinigkeitsvorstellung versucht, mit den sprachlichen Mitteln ihrer Zeit zwei sich widersprechende biblische Aussagen in eins zu schauen: 1. Gott ist ein einziger Gott. 2. Christus und der Heilige Geist sind mit Gott gleich (Johannes 1, 1; 4, 24).

Gibt es also doch drei Götter? Nein, aber der *eine* Gott begegnet in *dreifacher* Gestalt. Das Dreieinigkeitsdogma will nichts anderes als dies zum Ausdruck bringen. Insofern ist es biblisch. Das Dreieinigkeitsdogma steht nirgendwo in der Bibel, aber es ist eine theologische Behelfskonstruktion, die einen biblischen Sachverhalt zum Ausdruck bringt. Nämlich den Sachverhalt: Der *eine* Gott begegnet in *drei* Gestalten, als Vater, Sohn und Geist. Anders ausgedrückt. Dieses Dogma besagt: Der Gott der Bibel ist ein *geschichtlicher* Gott, kein zeitloser Gott, ein *handelnder* Gott, kein in sich ruhender Gott.

Ein Gott, der in *vielfältiger* Weise am Menschen handelt, als der Vater, Sohn und Geist.

Worin besteht die *Verschiedenheit* der Begegnisweise Gottes? Als der Vater ist er der Gott *über* uns, als der Sohn der Gott *bei* uns, als der Geist der Gott *in* uns. Die intensivste Form der Gemeinschaft geht Gott also mit uns ein, wenn er als Heiliger Geist begegnet. Sie ist so innig, daß er mit unserem Ich tauscht (Römer 8, 26). Dieser Geist ist aber eben kein anderer als der Sohn und der Vater, der Heilige Geist ist der Geist Christi (2. Korinther 3, 17) und der Geist des Vaters (Johannes 4, 24).

So gesehen würde die Dreieinigkeit also das zur Sprache bringen, was wir *Kondeszendenz* Gottes nannten. Sie drückt das *Gefälle* dieser Kondeszendenz, dieser Selbsterniedrigung Gottes aus.

Soweit die Meinung vieler Theologen über den Sinn des Dreieinigkeitsdogmas.

Andere Theologen verstehen den Heiligen Geist nicht als die Intensivform der Gottesbegegnung, sondern als Ausdruck der *Freiheit* und *Unverfügbarkeit* Gottes. In Johannes 3, 8 wird ja der Heilige Geist mit dem Wind verglichen, der »weht, wo er will« und von dem man nicht weiß, »woher er kommt und wohin er fährt«. So gesehen würde Dreieinigkeit soviel heißen wie: Gott wird Fleisch, bleibt aber doch Geist, obschon er sich in Jesus greifen läßt, bleibt er als Geist der Ungreifbare. Er wird ganz der unsere, bleibt aber trotzdem der ganz andere. Gott wird Mensch, er bleibt aber doch Gott, wenn er Mensch wird.

Man mag das Dreieinigkeitsdogma im ersten oder zweiten Sinn deuten, es trifft immer einen biblischen Sachverhalt.

Das Geheimnis der Dreieinigkeit: die Liebe

Im Konfirmandenunterricht erklärt man gern die Tatsache, daß Gott *einer* ist und doch *drei*, mit mancherlei Gleichnissen und Bildern. Man sagt: Gott sei drei und doch eins, genauso wie die Zahl 111 aus drei Zahlen bestünde und doch nur *eine* Zahl sei. Man vergleicht die Dreieinigkeit weiterhin mit der Quelle, dem Fluß und dem See, die ja auch drei und doch eins sind. Oder man führt die drei chemischen Aggregatszustände (Wasser – Eis – Dampf) und den Dreiklang aus der Musik oder andere Dreiheiten als Gleichnis der Dreieinigkeit ins Feld.

Das Geheimnis der Dreieinigkeit entzieht sich allen Gleichnissen. Der letzte Sinn dessen, daß Gott drei in einem ist, ist wohl der: Gott ist kein egoistischer Solo-Gott, sondern ein *sozialer* Gott, denn sein Wesen ist die Liebe. »Gott ist die Liebe« (1. Johannes 4, 8). In seinem *dreieinigen* Wesen zeigt er uns, daß wir keine Solisten sind, sondern für die anderen da sein sollen, daß eben auch das Wesen des Menschen in der Liebe besteht. Darin ist der Mensch im tiefsten *Ebenbild* Gottes, daß er *liebt*, daß er *eins* ist mit seinen Mitmenschen, wie Gott *eins* ist mit dem Sohn und Geist[129].

C. KONKRETION

Der russische Dichter *F. M. Dostojewski* (1821–1881) behandelt in seiner Legende »Der Großinquisitor« das Thema Christus und Kirche auf ganz ungewöhnliche Weise. Die Erzählung stellt nicht nur eine bestimmte Kirche, sondern jede Kirche, ja jeden Christen in Frage. Sie wird hier kurz wiedergegeben:
»In seiner unermeßlichen Barmherzigkeit zeigt« sich Jesus »noch einmal den Menschen in derselben Gestalt, in welcher ER« einst »unter ihnen gewandelt ist«. Er erscheint irgendwann im 16. Jahrhundert in Sevilla, einen Tag nach der Verbrennung von hundert Ketzern durch den Kardinal-Großinquisitor. »Leise und unauffällig« mischt er sich unter die Menschen »und siehe, es erkennen ihn alle. Das Volk drängt sich an Ihn heran mit unbezwinglicher Gewalt. Es umgibt ihn, wächst um Ihn und folgt Ihm. Schweigend schreitet Er unter ihnen, mit dem stillen Lächeln unendlichen Mitleids auf den Lippen«. Er heilt einen Blinden und erweckt ein totes Mädchen zum Leben. Da läßt ihn der Großinquisitor verhaften und in ein dunkles Verlies sperren. Nachts besucht der greise Inquisitor Jesus in seiner Zelle und sagt zu ihm u. a.: »Warum bist Du gekommen, uns zu stören?« »Morgen werde ich Dich richten und verurteilen und auf dem Scheiterhaufen verbrennen als den gefährlichsten aller Ketzer.« »Wir haben Deine Tat verbessert und sie auf dem Wunder ... und auf der Autorität neu aufgebaut.« »Was Du im Zorn zurückgewiesen hast, jenes

129. Näheres zu dem in diesem Kapitel behandelten kirchlichen Jesusbild siehe Horst Georg Pöhlmann: Abriß der Dogmatik, 2. Aufl. 1975, S. 163ff.

letzte Geschenk, das« der Versucher »Dir anbot, indem er vor Deinen Augen die Reiche der Erde ausbreitete«, wir »nahmen« es »von ihm an«. »Wir haben aus seiner Hand Rom und das Schwert Cäsars* empfangen.« »Warum hast Du dieses letzte Geschenk zurückgewiesen?«
Als »der Inquisitor seine Rede beendet hat, wartet er, daß der Gefangene ihm antworte, denn daß dieser schweigt, bedrückt ihn«. Er »möchte, daß ER ihm ein Wort nur sagte, ein stolzes meinetwegen, ein furchtbares. Doch ER steht plötzlich auf, tritt an den Greis heran und küßt ihn sanft auf dessen blutlose Lippen«.

Fragen zum weiteren Nachdenken
1. Kommen wir in dieser Geschichte vor?
2. Inwiefern spiegelt sich in dieser Erzählung die Geschichte der Christenheit wider?
3. Wo wird hier der entscheidende Wesenszug Christi sichtbar, von dem wir sagten, er sei der Heillosen Heil? In der Anziehung, die er auf die Menge ausübt? In seinem Wunderwirken? In seinem Schweigen? In der Strafpredigt, die erwartet wird, aber ausbleibt? In dem Kuß der Vergebung am Schluß der Geschichte?

* = Römischer Kaiser.

ANHANG

Die Quellen über Jesus[130]

Wir sprachen vom Neuen Testament als der ältesten erreichbaren Quelle über Jesus. Die *nichtchristlichen Quellen* über ihn tragen wenig aus. Wir nennen von ihnen die beiden wichtigsten: Der römische Schriftsteller *Tacitus* erwähnt in seinen Annalen, die nach 110 (n.Chr.) entstanden sind, »einen Christus, den der Prokurator Pontius Pilatus unter der Herrschaft des Tiberius hatte hinrichten lassen«. *Sueton*, ein anderer römischer Historiker, nennt in seinem etwas später geschriebenen »Leben der Kaiser« einen »Chrestus«, der Unruhen hervorrief.

Aber auch außerbiblische *christliche* Quellen geben wenig her. Wir sind also auf das *Neue Testament* als einzige Quelle angewiesen. Innerhalb des Neuen Testaments kommen als Quellen über Jesus vor allem die vier *Evangelien* in Frage und unter ihnen in erster Linie das älteste Evangelium, das *Markusevangelium*. Es ist vermutlich erst gegen 70 nach Christus, also fast 40 Jahre nach dem Tode Jesu, verfaßt worden. Die Überlieferungsstücke, die es sammelt, sind allerdings wesentlich älter. Markus, der Verfasser dieses Evangeliums, war angeblich ein Schüler des Jüngers Jesu Petrus. Das Markusevangelium ist das kürzeste Evangelium und hat nur 661 Verse, wenn man den später dazugekommenen Schluß (16, 9–20) wegrechnet. Markus ordnet den überlieferten Stoff dem dreifachen geographischen *Aufriß* des Wirkens Jesu ein: Galiläa, Wanderungen, Jerusalem. Das Markusevangelium überliefert vor allem *Taten* Jesu, während die übrigen Evangelien den

130. In diesem Quellenkapitel wurde u. a. folgende Literatur verwendet: A. Wikenhauser: Einleitung in das Neue Testament, 3. Aufl. 1959; G. Bornkamm: Bibel. Neues Testament. Eine Einführung in seine Schriften ... , 1971; Ed. Lohse: Entstehung des Neuen Testaments, 1972.

Akzent auf die *Worte* Jesu legen. Es beginnt mit dem Auftreten Johannes des Täufers und der Taufe Jesu (1, 1–11) und legt das Schwergewicht auf die Wunder und auf die Passionsgeschichte (11–15).
Das Markusevangelium lag den Evangelien des *Matthäus* und *Lukas* als Hauptquelle zugrunde. Sie übernehmen den Aufriß des Markus und arbeiten laufend seinen Stoff ein, den sie freilich auch straffen und von dem sie vieles auslassen.
Matthäus und Lukas haben aber darüber hinaus viel *gemeinsames* Überlieferungsgut, das Markus nicht hat und das sie aus einer anderen sehr alten Quelle geschöpft haben, der sogenannten *Quelle Q* oder *»Spruchquelle«*. Sie enthält vor allem Redestoff, wie etwa die Feldrede (Lukas 6) bzw. viele Stücke aus der Bergpredigt (Matthäus 5–7) und die Aussendungsrede (Lukas 10; Matthäus 10). Das Lukasevangelium ist mit 1149 Versen das größte Evangelium und fast doppelt so umfangreich wie das Markusevangelium mit seinen 661 Versen. Die Quelle Q, von der Lukas und Matthäus abhängig sind, umfaßt rund 235 Verse. Lukas, der nur etwas über die Hälfte des Markusstoffes übernommen hat, hat also ein beträchtliches Überlieferungsgut, das weder von Markus noch aus der Quelle Q stammt. Dieser Stoff, den nur Lukas hat, dieses sogenannte »Sondergut« des Lukas, umfaßt 548 Verse. Es stammt wahrscheinlich aus alten Quellen. Zu diesem Sondergut gehören viele Gleichnisse, wie etwa das vom barmherzigen Samariter (Lukas 10, 30–37) und vom verlorenen Sohn (Lukas 15, 11–32). Aber auch das Matthäusevangelium, das 1068 Verse enthält, hat ein Traditionsgut, das nur bei ihm vorkommt. Dieses »Sondergut« umfaßt rund 330 Verse. Zu seinem Sondergut gehört z. B. das Gleichnis von den Arbeitern im Weinberg (Matthäus 20, 1–16). Es basiert, wie das Sondergut des Lukas, auf alter Jesustradition.
Die Evangelien des Matthäus und Lukas sind erst ein bis zwei Jahrzehnte nach dem Markusevangelium verfaßt worden. Nach der Tradition wurde das Matthäusevangelium vom ehemaligen Zöllner und Jünger Jesu Matthäus abgefaßt. Lukas, der Verfasser des dritten Evangeliums, war ein Schüler des Apostels Paulus.
Wegen ihrer Ähnlichkeit und Verwandtschaft untereinander werden die drei ersten Evangelien Matthäus, Markus und Lukas auch *Synoptiker* genannt (von Synopse = »Zusammenschau«).

Die Synoptiker enthalten die älteste faßbare Jesusüberlieferung, so sehr sie sie redaktionell* überarbeitet und theologisch gedeutet haben. Redaktionelles und Überlieferung sind hier zu unterscheiden!
Da Jesus selbst seine Worte und Taten nicht niedergeschrieben, noch seine Jünger dazu aufgefordert hat, wurden sie zunächst *mündlich* überliefert und erst in einem viel späteren Stadium *schriftlich aufgezeichnet*. Es entstanden zuerst *kleine Einheiten* wie z. B. die Gleichnissammlung, die Markus 4, 1–34 überliefert ist, und die Passionsgeschichte. Solche Einheiten wurden sodann in größeren Schriften wie etwa dem Markusevangelium und der Quelle Q u. a. zusammengefaßt.
In einer Skizze soll noch einmal veranschaulicht werden, aus welchen Quellen die beiden Großevangelien Matthäus und Lukas entstanden sind, und worauf diese ihrerseits zurückgehen:

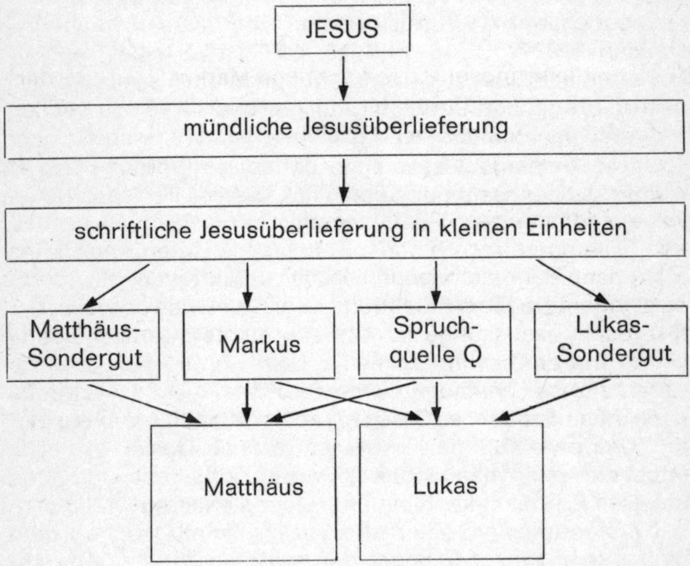

* = Redaktionell kommt von Redaktor oder Redakteur = Herausgeber, Bearbeiter.

Der historische Quellenwert des *Johannesevangeliums* ist geringer als der der Synoptiker, weil es viel später als diese entstanden ist und nur wenig Stoff mit ihnen gemeinsam hat. Es wurde wahrscheinlich um 100 nach Christus abgefaßt. Ob der Jünger Jesu Johannes der Verfasser ist, ist in der Forschung strittig. Das Johannesevangelium weicht von den Synoptikern nach Stil und Inhalt erheblich ab. Von den 29 Wundern Jesu, über die die Synoptiker ausführlich berichten, kennt Johannes nur 2 (6, 1–21). Johannes führt nur sehr wenige Jesusworte der Synoptiker an. Von den 41 Gleichnissen, die uns die Synoptiker überliefern, erscheint kein einziges bei Johannes.
Im Unterschied zu den Evangelien finden wir in den *Briefen* des Neuen Testaments nur selten Hinweise auf Jesu Leben und Wirken, so sehr sie alte Jesusbekenntnisse überliefern, die schon kurze Zeit nach Jesu Tod entstanden (1. Korinther 15, 3f.!). Ähnlich erwähnt die Apostelgeschichte wenig von Jesu Leben und Wirken, obschon sie alte Jesusbekenntnisse, die sogenannten Petrusformeln, überliefert (Apostelgeschichte 2, 22–24; 3, 13–15; 4, 10; 4, 27f.; 10, 37–40).
Mit dem oben Gesagten ist aber nur ungefähr angedeutet, wo das ursprüngliche Überlieferungsgut über Jesus zu suchen ist. Auch hier muß wieder gesichtet werden, was von der späteren Gemeinde Jesus zugeschrieben wurde und was er wirklich selber gesagt und getan hat. Dieses »Historische« ist von der sogenannten »Gemeindebildung« schwer abzuscheiden. Theologen wie *Rudolf Bultmann* meinten, man kann nicht nach dem historischen Jesus zurückfragen, die älteste erreichbare Quelle sei die Predigt der Gemeinde über ihn. Der historische Jesus ginge den Christen nichts an, entscheidend sei für ihn der erhöhte Christus. Dem wurde energisch von seiten anderer Theologen widersprochen, die die Rückfrage nach dem historischen Jesus für außerordentlich wichtig halten. Denn wie soll man verstehen, wie die *Gemeinde* Jesus erlebt hat, wenn man nicht weiß, wie er *sich selbst* verstanden hat. Den Erhöhten kann man nur richtig erfassen, wenn man den erniedrigten (vorösterlichen) Jesus kennt. Dabei will man nicht den historischen gegen den erhöhten Christus ausspielen oder gar in dem Jesus, wie ihn die Gemeinde erlebte, eine Verfälschung des historischen Jesus sehen. Die ständige Neudeutung von Jesu Worten und Taten durch die neutestamentliche Gemeinde ist keine *Verfälschung* Jesu, sondern sie

aktualisiert ihn. Besser gesagt: Er *aktualisiert sich selber.* Wenn die Gemeinde ihn neu erfährt, erfindet sie keinen Jesus, sondern sie bringt dadurch zum Ausdruck, daß Jesus ihr *je neu begegnet.* Kein Wunder, daß jede Gemeinde ihn anders sieht und anders erfährt, daß jeder etwas anderes an ihm entscheidend ist. Daher die vielen Abweichungen und Widersprüche in der Jesusdarstellung der Evangelien.

Die Feststellung, ein Wort oder eine Tat Jesu sei »*historisch*«, ist also kein Werturteil. Sie besagt lediglich: Es handelt sich um etwas, was wissenschaftlich erforschbar und für jedermann greifbar ist, das »Menschliche« also an Jesus, sein Erdenwirken. Der Erhöhte ist aber nicht wissenschaftlich faßbar, sondern nur dem Glaubenden zugänglich.

Man hat in der gegenwärtigen Forschung vor allem *zwei Merkmale* herausgearbeitet, die darauf hinweisen, daß ein Wort der Evangelien auf den vorösterlichen Jesus selbst zurückzuführen ist, also »historisch« ist:

– es darf nicht aus dem Judentum herleitbar sein
– es muß sich von der späteren Gemeindetheologie abheben.

Unüberwindliche *Schwierigkeiten* bei der Rückfrage nach dem historischen Jesus bereiten noch andere Probleme:

– Die Evangelien sind *keine Biographien*, sie wollen nicht detailgetreu Jesu Leben beschreiben. Sie sind vielmehr »*Predigten*«, die Glauben wecken wollen.
– Die Evangelien sind *parteiisch*, sie sind sogenannte Tendenzschriften, keine Dokumentarberichte. Sie sind von Anhängern Jesu geschrieben worden, nicht von neutralen, unparteiischen Beobachtern. Sie sind also keine »objektiven« Quellen. – Es fragt sich freilich, ob man einen Menschen »objektiv« erforschen kann, wie man das bei einer Sache – etwa beim Bruchstück einer altgriechischen Vase – machen kann, wenn man aus ihm deren Form rekonstruiert sowie ihr Alter feststellt usw. Einen Menschen kann man nur verstehen, wenn man ihn liebt, wenn man also Partei für ihn ergreift, parteiisch ist. Einen Menschen, den man nicht liebt, wird man mißverstehen und von ihm ein Zerrbild entwerfen. Der »neutrale« Beobachter wird unwichtige Nebenzüge eines Menschen erkennen, nicht ihn selbst, ihm erschließen sich nur Teile, nicht der ganze Mensch.
– Die Evangelisten und Überlieferer der Jesustradition hatten *kein »historisches« Bewußtsein*, sie hatten kein Interesse am Gewesenen als Gewesenem. Sie waren keine minuziö-

sen Archivare. Auch nicht Lukas! Die genaue Weitergabe der Einzelheiten des Lebens Jesu war ihnen unwichtig, wichtig war ihnen allein, daß durch die Überlieferung *Glauben* geweckt wird. Sie hatten zudem *kein Zeitbewußtsein* im heutigen Sinn. Der vorösterliche und der nachösterliche (erhöhte) Jesus waren für sie gleichzeitig. Sie »verwechseln« daher nicht selten Worte des vorösterlichen mit denen des erhöhten Jesus – wie vor allem das Johannisevanglium. Sie schreiben ja *nach Ostern.* Sie kommen so stark vom Erlebnis des Erhöhten her, daß sie seine Worte von denen des vorösterlichen Jesus nicht immer unterscheiden können. Wichtig war ihnen, *daß* Jesus geredet, nicht *wann* er geredet hat. Entscheidend war, *daß* Christus spricht, nicht ob er als der *Vorösterliche* oder der *Nachösterliche* spricht. So ist es nicht ausgeschlossen, daß Jesus das Kirche gründende Petruswort Matthäus 16,18–19 erst *nach* Ostern gesagt hat, nicht – wie Matthäus annimmt – *vor* Ostern, oder daß die Abschiedsreden im Johannesevangelium (13–17) nicht vom vorösterlichen, sondern vom erhöhten Jesus stammen. Es ist ferner sehr wohl möglich, daß manche Wunder des vorösterlichen Jesus den Gottesdienst der nachösterlichen Gemeinde widerspiegeln und etwa das Speisungswunder, das sicher einen historischen Kern hat, einen Abendmahlgottesdienst schildert, in dem der Erhöhte erscheint (Markus 6,34–44).